AF535662

Das Handbuch der Engelszahlen

SOPHIA PERLICH

Alle Ratschläge in diesem Buch wurden vom Autor und vom Verlag sorgfältig erwogen und geprüft. Eine Garantie kann dennoch nicht übernommen werden. Eine Haftung des Autors beziehungsweise des Verlags für jegliche Personen-, Sach- und Vermögensschäden ist daher ausgeschlossen.

Email: info@edition-lunerion.de
www.edition-lunerion.de

Psiana eCom UG
Berumer Str. 44
26844 Jemgum

INHALT

Vorwort

Bestimmte Ziffernfolgen begegnen Ihnen immer wieder und Sie fragen sich, was das bedeutet? Haben Sie manchmal das Gefühl, dass eine überirdische Kraft Ihnen Botschaften zu senden versucht? Und möchten Sie herausfinden, was diese Mächte Positives in Ihrem Leben bewirken können? Dann tauchen Sie ein in die faszinierende Welt der Engelszahlen! Sie sind magische Botschaften des Universums und zeigen uns, dass es dort draußen jemanden gibt, der uns begleitet und beschützt: Engelszahlen, verborgene Nachrichten in Ziffernform, die uns im Alltag begegnen und zu spirituellen Wegweisern werden können. Je nach Zahl, Situation und Lebensumständen bieten sie Inspiration, Trost oder Anregungen und sind aufmerksamen Beobachtern ein leuchtender Stern in der Dunkelheit. Dieses Buch führt Sie in die geheimnisvolle Welt der Engelszahlen ein und zeigt Ihnen, wie Sie die Botschaften entschlüsseln können. Von Zahlenbedeutungen über numerologische Interpretation bis hin zur Schärfung der eigenen Wahrnehmungsfähigkeiten erhalten Sie hier einen umfangreichen Werkzeugkoffer, um die Engelsnachrichten konstruktiv für Ihr Leben zu nutzen, und entdecken, wie Sie mit gezielten Übungen beruflich und privat von ihnen profitieren.

Himmlische Wegweiser

Engelszahlen sind wie funkelnde Sterne am Nachthimmel, in denen eine zauberhafte Sprache verborgen liegt, die uns die Geheimnisse des Universums offenbart. Sie sind wie eine zarte Melodie, die sich in dem Flüstern der Engel verbirgt und uns inmitten des hektischen Alltagstrubels liebevolle Botschaften sendet und uns die Wege erhellen möchte, die noch vor uns liegen.

Begegnen wir Engelszahlen in unserem Leben, öffnen diese ein verborgenes Tor zu einer spirituellen Dimension, in der wir die liebevolle Präsenz, die Führung und den Schutz der Engel spüren können. Leise schleichen sie sich in unser Leben und lassen uns wissen, dass wir auf dem richtigen Weg sind. Sie weben die Fäden unseres Schicksals und bringen die unendliche Schönheit des Universums in all seinen unzähligen Nuancen zum Leuchten.

Dieses Buch ist eine Einladung dafür, in die faszinierende Welt der Engelszahlen einzutauchen, Offenheit und Achtsamkeit für die wundervollen Botschaften der Engel zu entwickeln und die Magie des Universums näher kennenzulernen.

Hinweis: In diesem Buch finden Sie an verschiedenen Stellen QR-Codes, die Sie zu Audiodateien führen. Falls Sie keine Möglichkeit haben, diese zu scannen, können Sie alle Dateien auch über diesen Link finden: https://bit.ly/46SiWGP

Magische Botschaften in unserem Leben

BOTSCHAFTEN DES UNIVERSUMS

Inmitten des hektischen und bunten Trubels des Alltags sehnen sich immer mehr Menschen nach einer tieferen Verbindung zur spirituellen Welt. Sie suchen nach Antworten auf ihre Fragen, nach Führung und nach einem tieferen Sinn in ihrem Leben. Dabei sind die spirituelle Welt und die Botschaften des Universums nicht an bestimmte Orte gebunden, sondern stehen vielmehr jedem von uns offen, der bereit ist, seine Sinne und sein Bewusstsein zu öffnen und die subtilen Signale des Universums in stillen Momenten der inneren Einkehr wahrzunehmen.

In unserer sehr schnelllebigen Welt neigen wir dazu, durch den Alltag zu hetzen und uns nur wenig Zeit zu nehmen, um wirklich präsent zu sein. Wir existieren und vergessen dabei häufig, auch wirklich bewusst zu leben. Je weniger wir dabei im Moment sind, umso schwerer fällt es uns, auf die Botschaften und Zeichen, die uns das Universum sendet, zu achten. Stecken wir in unserem sich permanent drehenden Gedankenkarussell fest, machen wir uns Sorgen, analysieren, hinterfragen und urteilen wütend über Dinge, werden wir nicht erkennen können, wenn das Universum unsere Aufmerksamkeit sucht. Der Schlüssel, um sich mit dem Universum verbinden und seine Botschaften empfangen zu

können, ist es, offen durchs Leben zu gehen, im gegenwärtigen Moment zu sein und auf seine eigene Intuition zu vertrauen.

Wir Menschen sind keine isolierten, vom Rest des Universums getrennt existierenden Wesen. Vielmehr sind wir mit dem Universum auf endlose und unterschiedliche Arten verbunden – wie Fäden, die sich in unser Wesen eingewoben haben. Diese Verbindung drückt sich nun in den liebevollen und zugleich geheimnisvollen Botschaften aus, die uns das Universum durch genau diese Fäden sendet und die uns auf unserem Weg durch das Leben begleiten und uns zu tieferer Erkenntnis sowie zum spirituellen Wachstum führen sollen.

Das Universum spricht auf unzählige Arten zu uns, sodass seine Botschaften in vielen verschiedenen Formen und Facetten auftreten können. Können wir diese Hinweise richtig interpretieren und uns von ihnen führen lassen, gewinnen wir an Leichtigkeit und an Klarheit in unserem Leben. Wir können uns geborgen und sicher fühlen und darauf vertrauen, dass wir uns auf dem richtigen Weg im Leben befinden, auch wenn nicht immer alles leicht erscheint.

Obgleich man die Hinweise und Botschaften des Universums nicht als Wunder bezeichnen sollte, fühlen sich diese dennoch genauso an. Wenn das Universum mit uns kommuniziert, ist das eine nicht greifbare Macht, die uns in die richtige Richtung leiten möchte. Doch wie erkennt man diesen Wink des Universums überhaupt?

Wiederkehrende Zahlen und Zahlenfolgen

Wiederkehrende Zahlen und Zahlenfolgen, zum Beispiel Engelszahlen – wir werden später noch ausführlich darauf eingehen –, können eine Form der Kommunikation sein, durch die uns das Universum etwas mitteilen möchte. Aus diesem Grund sollten wir Ausschau nach Zahlenmustern halten und versuchen, ihre verborgenen Bedeutungen zu entschlüsseln. Dabei kann jede Zahlenreihe und Zahlenkombination spezifische

Bedeutungen haben, die mithilfe der Numerologie analysiert werden können. Die Numerologie ist dabei eine Methode, die als mystische Verbindung zwischen Zahlen und Ereignissen zu verstehen ist.

Wörter, Zeichen und Symbole

Eine weitere Form von Botschaften des Universums sind Wörter, Zeichen und Symbole, die uns auf unserem Weg begegnen. Jedes Wort, jedes Zeichen und jedes Symbol trägt dabei eine ganz einzigartige Botschaft, die darauf abzielt, uns in eine tiefe Bewusstheit zu führen. Nehmen wir uns die Zeit, diese Botschaften zu erkennen und sie zu interpretieren, können sie uns wertvolle Hinweise geben und uns auf unserem spirituellen Weg unterstützen.

Schicksalhafte Begegnungen & Gespräche

Das Universum hat eine ganz besondere Art, Begegnungen und Gespräche mit Menschen zu nutzen, um uns bestimmte Botschaften zu überbringen. Manchmal lernt man Menschen im Leben kennen, die sowohl für ihre als auch für unsere eigene Weiterentwicklung und Transformation wichtig sind. Wir entwickeln uns durch andere Menschen weiter, indem wir ihnen helfen und ihnen Dinge lehren. Auf der anderen Seite wachsen wir genauso durch ihre Hilfe und durch die Geschichten, die sie mit uns teilen. Daraus entwickelt sich ein permanentes Geben und Nehmen und ein Austausch von Erfahrungen, Energien und Liebe, der uns ein Leben lang prägt. Häufig mag uns in bestimmten Situationen oder bei gewissen Dingen die Antwort oder eine Lösung zu einem Problem fehlen, die uns eine andere Person aufzeigt. Die Botschaften, die uns das Universum dabei durch andere Menschen vermittelt, können entweder durch langjährige Freundschaften sowie Bekanntschaften oder durch plötzliche Begegnungen mit fremden Menschen geschehen, die in uns etwas auslösen und uns somit zum Nachdenken anregen. Obgleich dabei nicht alles,

was wir hören oder sehen, ein Zeichen des Universums sein mag, können diese Begegnungen trotz dessen ein Schlüsselmoment für uns sein, wenn wir bewusst oder unbewusst nach Antworten suchen. Wir werden intuitiv spüren, dass nicht jede Begegnung einzig und allein ein großer Zufall ist, sondern vielmehr ein Zeichen des Universums, das wir befolgen sollten.

Zerfall

Manchmal gibt es Momente im Leben, in denen uns das Universum uns bis ins Innerste unseres Seins erschüttert und sich ein unglückliches Ereignis ans nächste anreiht, sodass wir das Gefühl haben, dass nichts mehr richtig läuft. Jeder Schritt, den wir gehen, scheint vergeblich zu sein. Wenn sich das Leben wie ein Scherbenhaufen anfühlt, kann es schwer sein, positive Gedanken zu pflegen und an das Gute in der Zukunft zu glauben. Doch oftmals sendet uns das Universum in genau diesen Zeiten Botschaften, die als eine Einladung zu verstehen sind, eine neue Lebensweise zu beginnen, unser bisheriges Leben zu überdenken, zu verändern und Sinn in das vermeintliche Chaos zu bringen.

Obwohl es sich nicht immer so anfühlt, geschieht alles aus einem bestimmten Grund und wird uns am Ende auf unserem Weg weiterbringen. Das Universum fordert uns dabei heraus, unsere eigene Komfortzone zu verlassen, Ängste zu überwinden und uns auf Neues einzulassen. Zeiten, in denen wir das Gefühl haben, dass alles auseinanderfällt, sind einerseits eine Gelegenheit, all das loszulassen, was uns nicht mehr weiterbringt, und andererseits eine Chance, um wachsen zu können. Denn manchmal muss alles zerfallen, damit Raum für Neues geschaffen werden kann. Wichtig ist nur, dass wir darauf vertrauen, dass uns das Universum auf unserem Weg begleiten und uns führen wird und dass es uns genau das gibt, was wir brauchen, um uns weiterentwickeln zu können.

Die Natur

Die Natur hat unzählige Möglichkeiten, uns Botschaften des Universums zu schicken – durch Tiere, Blumen, Wolken, Steine, Farben, Kristalle, Vogelfedern oder das Wetter. Jedes Motiv hat dabei seine eigene Bedeutung, wobei die wiederkehrende Sichtung eines bestimmten Tiers, einer Tiergruppe oder eines Tierverhaltens eine besonders wichtige Botschaft ist, da Tiere in perfekter Harmonie mit der Natur leben und aufgrund dessen häufig als spirituelle Gefäße genutzt werden, um Zeichen des Universums zu übermitteln.

Träume

Träume sind eine unendliche Quelle unbewusster Symboliken. Unser unbewusster Verstand ist am tiefsten mit dem Universum verwurzelt und am offensten dafür, seine Botschaften zu empfangen, die oftmals über das Medium der Träume übermittelt werden. Während wir schlafen, stimmen wir uns auf unser Unterbewusstsein ein, öffnen unseren Geist und können dadurch die Botschaften des Universums, in Form von Träumen, aufnehmen. Dabei ist die Botschaft des Universums im Traum selbst verpackt und kann durch Personen, Motive, Orte, Erfahrungen oder wiederkehrende Muster verstärkt werden.

Intuition

Das Universum spricht durch unsere Intuition zu uns. Es spiegelt sich in der inneren Stimme und der unbestreitbaren Gewissheit wider, die uns den richtigen Pfad weist und uns vor dem Gang in die Irre bewahrt. Im Trubel des Alltags sind wir jedoch oftmals so beschäftigt, dass wir unsere eigene Intuition überhören. Erlauben wir uns hingegen, still zu werden und unsere innere Weisheit anzuhören, können wir feststellen, dass uns das Universum auf eine erstaunliche Art und Weise führt und uns die Antworten gibt, nach denen wir suchen. Unsere Instinkte und unsere

Intuition kommen häufig durch das sogenannte Bauchgefühl zum Ausdruck, da diese Gefühle Produkte eines aktiven unbewussten Geistes sind, der Botschaften aus dem Universum übermittelt.

Gerüche

Im Laufe unseres Lebens verbindet unser Geist immer wieder bestimmte Ereignisse oder Menschen mit unterschiedlichen Gerüchen. Dabei ist uns womöglich gar nicht immer bewusst, dass diese Verbindungsfäden überhaupt existieren, bis wir ganz unerwartet einen bestimmten Geruch riechen, der ein starkes Abbild in unserem Kopf hinterlässt. Stoßen wir auf diese ungewöhnlichen Düfte, können diese eine Botschaft des Universums sein, das versucht, uns entweder an einen bestimmten Moment oder eine Person zu erinnern, die eine besondere Rolle in einer Situation spielt, mit der wir in diesem Moment konfrontiert werden.

Lieder

Wahrscheinlich ist jeder von uns schon einmal mit einem bestimmten Lied im Kopf am Morgen im Bett aufgewacht, hat in einer bestimmten Situation ein bestimmtes Lied gesungen oder sich an ein altes Lied erinnert, das kurz darauf im Radio lief. Häufig kreiert unser Geist komplexe Verknüpfungen zwischen unseren Gefühlen und der Musik, woraufhin das Universum dann ganz bestimmte Lieder, Liedtexte oder Melodien nutzt, um uns wichtige Informationen zu übermitteln. Die Botschaften des Universums können sich dabei in den einzelnen Strophen oder den Erinnerungen, die mit diesem Lied verbunden sind, verstecken.

Schmerzen

Nicht zuletzt können auch Schmerzen, Probleme, Symptome oder Krankheiten ein Zeichen des Universums sein, deren versteckte Bedeutung sich in der Art der Erkrankung oder ihrer Verortung im Körper verstecken kann. Krankheiten können jedoch auch geistigen Ursprungs sein und sich in Form von körperlichen Erkrankungen manifestieren. So kann ein Hautausschlag zum Beispiel darauf hindeuten, dass wir aus einer Beziehung oder einer Situation entfliehen möchten, in der wir uns gerade befinden. Um der eigentlichen Ursache der Schmerzen auf den Grund gehen zu können, ist es sinnvoll, sowohl den individuellen Lebensstil als auch die emotionalen sowie spirituellen Ursachen von auftretenden Symptomen zu berücksichtigen.

ENTDECKEN SIE DIE SYNCHRONIZITÄTEN IN IHREM LEBEN

Im Laufe unseres Lebens widerfahren uns immer wieder Momente, in denen sich scheinbar zufällige Ereignisse zu ungewöhnlichen, einzigartigen und bedeutungsvollen Mustern zusammenfügen, die eine tiefere Bedeutung oder Verbindung haben. Diese faszinierenden Verbindungen werden als **Synchronizitäten** bezeichnet, die uns das wundervolle Zusammenspiel des Universums offenbaren.

Synchronizitäten sind zeitlich zusammenhängende Ereignisse, die in keinerlei kausaler Beziehung miteinander verknüpft sind (sie sind akausal). Diese Ergebnisse stehen also weder in einer Wechselbeziehung zueinander noch beruhen sie auf einer Aktion und einer Reaktion (Ursache und Wirkung). Trotzdem können diese Ereignisse miteinander verflochten und aufeinander bezogen wahrgenommen sowie gedeutet werden.

Die Idee der Synchronizität wurde vom Schweizer Begründer der analytischen Psychologie, Carl Gustav Jung (1875–1961), geprägt. Er beschrieb das Phänomen der Synchronizitäten als „bedeutsame Zufälle", die eine tiefere Verbindung zwischen der äußeren Welt und unserer inneren Welt symbolisieren. Synchronizitäten treten immer dann in unserem Leben auf, wenn zwei Ereignisse scheinbar unabhängig voneinander sind, diese aber dennoch in irgendeiner Art und Weise so miteinander verbunden sind, dass diese über den reinen Zufall hinausgehen.

Carl Gustav Jung

- 26. Juli 1875 bis 06. Juni 1961
- Schweizer Psychiater und im Jahr 1913 Begründer der analytischen Psychologie
- war neben Sigmund Freud einer der Begründer der Tiefenpsychologie entwickelte die Konzepte der introvertierten und extrovertierten Persönlichkeiten, des kollektiven Unbewussten und der Archetypen

Die Synchronizitäten in unserem Leben werden dabei oftmals als Zeichen des Universums, des Göttlichen oder der höheren Macht angesehen, die eine symbolische Bedeutung haben und als Hinweis auf die Ausrichtung und den Fluss unseres eigenen Lebenswegs dienen. Aus spiritueller Sicht sind Synchronizitäten Anzeichen dafür, dass das Universum uns Botschaften vermitteln will, wir Teil eines größeren Ganzen sind und es eine unsichtbare Verbindung zwischen allem gibt. Sie sind eine Erinnerung daran, dass wir in unserem Leben von einer höheren Macht geführt werden und dass es eine göttliche Ordnung gibt, die über unser rationales Verständnis hinausgeht. Indem wir die Synchronizitäten in unserem Leben anerkennen und interpretieren und mit dem Universum vereinen, können wir nicht nur die wertvollen Hinweise und Anweisungen unserer inneren Führung empfangen, sondern auch unsere Intuition stärken,

unsere spirituelle Verbindung vertiefen, unsere Wahrnehmung erweitern, uns für die subtilen und magischen Aspekte des Lebens öffnen und ein bewusstes und erfülltes Leben führen.

Synchronizitäten vermitteln uns also Botschaften, wobei jede Synchronizität ihre eigene bestimmte Bedeutung hat und oftmals in gewissen Situationen in unserem Leben als unterstützendes Zeichen auftritt. Auf der einen Seite können Synchronizitäten Antworten auf Fragen sein, die uns in unserem Unterbewusstsein beschäftigen. Auf der anderen Seite können Synchronizitäten aber auch Bestätigungen dafür sein, dass wir unseren bereits eingeschlagenen Lebensweg beibehalten sollen oder dass eine Entscheidung, die wir erst vor kurzem getroffen haben, die richtige war.

Die Entschlüsselung und Interpretation der Synchronizitäten, die in unserem Leben auftauchen, obliegt dabei uns selbst, da die jeweiligen Botschaften oftmals Bezug zu einer bestimmten Entscheidung oder unserer aktuellen Lebenssituation haben. Somit sind die Botschaften, die uns das Universum durch Synchronizitäten übermittelt, individuell und persönlich. Interpretation und Bedeutung von Synchronizitäten sind dabei immer subjektiv und ganz einzigartig für jeden von uns. Um Synchronizitäten erkennen zu können, müssen wir zum bewussten Beobachter unseres Alltags werden, denn häufig befinden sich Synchronizitäten direkt vor uns. Sind wir jedoch unaufmerksam und leben nicht bewusst, können wir die Synchronizitäten dementsprechend nicht wahrnehmen.

Beim Entschlüsseln von Synchronizitäten ist es wichtig, Vertrauen in unsere eigene Intuition zu haben und unsere inneren Empfindungen zu beachten. Wenn wir unsere Aufmerksamkeit auf die Details der Synchronizitäten lenken und für die Zeichen des Universums offen sind, können wir die Verbindung zwischen den äußeren Ereignissen und unseren inneren Gedanken und Gefühlen jedoch erkennen. Die faszinierenden Momente der Synchronizität können auf unterschiedliche Weisen auftreten. So können sich wiederholende Zahlenmuster zeigen, denen

wir immer wieder begegnen – sei es auf der Uhr, auf Nummernschildern von Autos oder in anderen Situationen. Vielleicht denken wir aber auch an einen ganz bestimmten Menschen und begegnen ihm plötzlich auf der Straße oder bekommen eine Nachricht von ihm. Synchronizitäten können sich aber auch dann zeigen, wenn wir zum Beispiel eine Frage haben oder vor ein Problem gestellt werden und auf einmal aus mehreren Quellen genau die Antworten bekommen, nach denen wir gesucht haben. Auch bestimmte Menschen, Tiere, Träume oder Symbole, die wiederholt in unserem Alltag auftauchen, die Natur oder ein Lied, das uns ganz tief berührt, können Synchronizitäten und Botschaften des Universums sein, die uns genau dort hinführen, wo wir hingehören, und uns helfen, uns weiterzuentwickeln. Das göttliche Universum hat eine sehr kreative Ader, wenn es um die Vermittlung von Botschaften und das Auftreten von Synchronizitäten geht.

Auf einen Blick: Synchronizitäten

- zeitlich korrelierende und akausale Ereignisse, die eine tiefere Bedeutung oder Verbindung haben
- Idee der Synchronizität wurde von Carl Gustav Jung geprägt, der Synchronizitäten als bedeutsame Zufälle beschrieb
- Synchronizitäten treten auf, wenn zwei Ereignisse scheinbar unabhängig voneinander sind, diese aber so miteinander verbunden sind, dass sie über den reinen Zufall hinausgehen
- Zeichen des Universums, des Göttlichen oder der höheren Macht
- symbolische Bedeutung, unvorhersehbares und urplötzliches Auftreten, häufig an Wendepunkten im Leben
- Synchronizitäten kommen in der Form verschiedener Boten
- jede Synchronizität hat ihre eigene Bedeutung, die individuell interpretiert werden muss -> Interpretation und Bedeutung deshalb subjektiv und einzigartig

BEDEUTUNG UND SYMBOLIK VON ENGELSZAHLEN

Engelszahlen, auch bekannt als Angel Numbers, sind eine geheimnisvolle und zugleich faszinierende Form der Kommunikation zwischen der physischen und der spirituellen Welt. Sie sind eine Art Botschaft des Universums, die uns von höheren spirituellen Wesen oder Engeln gesendet wird. Engelszahlen tauchen in unserem Leben in wiederkehrenden Zahlenfolgen bzw. Mustern auf, die eine tiefere Bedeutung haben und über den reinen Zufall hinausgehen. Dabei trägt jede Engelszahl eine einzigartige Botschaft in sich, die ihre eigene symbolische Bedeutung hat und spezielle Kräfte besitzt, die uns Unterstützung, Ermutigung und spirituelle Führung auf unserem Lebensweg bieten kann.

In der **Numerologie** wird immer dann von Engelszahlen gesprochen, wenn uns eine bestimmte Abfolge von Ziffern an scheinbar zufälligen Stellen in unserem Leben besonders häufig begegnet und diese eine spirituelle Botschaft vermitteln möchte.

Das gesamte Universum basiert auf Zahlen, die eine universelle Sprache sind, die Engel und spirituelle Führer auf einer energetischen Ebene nutzen, um uns ihre göttlichen Botschaften zu übermitteln. Angel Numbers können aus einer einzigen Ziffer oder aus zwei Ziffern bestehen, setzen sich aber zumeist aus einer drei- oder vierstelligen Kombination zusammen, die sich entweder aus einer einzigen Zahl (zum Beispiel 444) oder aus verschiedenen Zahlen (zum Beispiel 1919) zusammensetzt. Dabei besitzt jede Zahl eine spezifische Schwingung sowie eine symbolische Bedeutung, die eine tiefere Botschaft enthält. Die Hinweise, die uns die Engel mit der Ziffernfolge mitteilen möchten, hängen dabei immer von der jeweiligen Kombination der einzelnen Zahlen ab. Außerdem kann die Bedeutung von Engelszahlen sehr individuell sein, da jeder Mensch ganz

eigene und einzigartige Verbindungen zur spirituellen Welt hat, sodass die Mitteilungen, die uns durch die Engelszahlen vermittelt werden, auf persönlicher Ebene interpretiert werden können. Aus diesem Grund kann die Bedeutung von Engelszahlen, je nach Zahl(en) und individueller Interpretation, sehr unterschiedlich sein. Im Allgemeinen werden Engelszahlen jedoch folgende Bedeutungen zugeschrieben:

- **Botschaft der Führung:** Engelszahlen sind eine himmlische Nachricht, die uns vergegenwärtigen, dass wir nicht alleine sind, sondern von Engeln oder höheren spirituellen Wesen unterstützt und geführt werden.

- **Hinweis auf eine spirituelle Verknüpfung:** Engelszahlen sind ein Hinweis für unsere enge Verbindung mit der spirituellen Welt. Sie deuten darauf hin, dass wir uns ganz bewusst auf eine spirituelle Entwicklung begeben und dass wir uns auf eine spirituelle Reise einlassen sollen.

- **Erinnerung an Präsenz und Schutz:** Engelszahlen können in schwierigen Zeiten ein Hinweis für die Präsenz unserer Schutzengel sein und uns daran erinnern, dass wir uns nicht alleine fühlen müssen.

- **Zeichen für Synchronizität:** Engelszahlen können eine Repräsentation von synchronistischen Ereignissen sein, bei denen sich scheinbar zufällige Ereignisse zu bedeutungsvollen Mustern zusammenfügen lassen.

- **Führung bei Entscheidungen:** Engelszahlen können uns entweder eine klare Richtung oder eine Bestätigung für unseren bereits eingeschlagenen Weg aufzeigen und uns somit dabei unterstützen, Entscheidungen zu treffen.

- **Ermutigung und Unterstützung:** Oftmals sind Engelszahlen eine Ermutigung, Hindernisse zu überwinden, wenn wir durch schwierige Zeiten gehen. Außerdem helfen sie uns, unser gesamtes Potential zu entfalten.

- **Bewusstsein für spirituelle Lehrstunden:** Engelszahlen können eine Erinnerung daran sein, dass bestimmte Lektionen und/oder spirituelle Entwicklungsschritte auf unserem Lebensweg essentiell sind.

Auf einen Blick: Engelszahlen

- auch als Angel Numbers bekannt
- Kommunikationsmittel zwischen der physischen und der spirituellen Welt
- Botschaften des Universums
- wiederkehrende Zahlenfolgen bzw. Muster mit einer tieferen, symbolischen Bedeutung und einer einzigartigen, spirituellen Botschaft
- setzen sich meistens aus einer Zahl oder verschiedenen Zahlenkombinationen zusammen
- Bedeutung kann sehr individuell sein und sollte auf persönlicher Ebene interpretiert werden

WIE ENGELSZAHLEN UNS IM ALLTAG BEGLEITEN KÖNNEN

Um unsere persönlichen Engelszahlen in unserem alltäglichen Leben entdecken zu können, müssen wir uns nicht extra auf die Suche nach ihnen begeben. Vielmehr sorgen die Engel selbst dafür, dass wir die Zahlen ganz einfach sehen können, und bringen uns dabei auf den richtigen Weg, um die Angel Numbers auch zu entdecken.

Obgleich einige Menschen vielleicht glauben mögen, dass es in der Hektik und dem Trubel des Alltags beinahe unmöglich ist, häufig hintereinander auftretende, gleiche Zahlenkombinationen zu sehen, möchten unsere Engel, dass wir ihre Zeichen wahrnehmen können, und werden deshalb versuchen, uns dazu zu bringen, ihre Botschaften als solche zu erkennen.

Engelszahlen können in vielfältiger Art und Weise in unserem Leben auftauchen. Sie können uns beispielsweise in Telefonnummern, auf Autokennzeichen, der digitalen Uhr, als Hausnummer oder auf Rechnungen begegnen.

Doch auch an gewohnten Orten, wo wir Engelszahlen womöglich gar nicht erwarten würden, können die Zahlen präsent sein. So könnte der neue Tag zum Beispiel damit beginnen, dass wir nachts wach werden und beim Blick auf die Uhr die Zeit 5:55 Uhr wahrnehmen. Auf dem Weg zur Arbeit steigen wir dann in den Bus ein, der die Nummer 55 hat. In der Mittagspause gehen wir kurz zum Bäcker und bekommen 5,55 Euro Wechselgeld zurück. Langsam wird uns immer bewusster, dass wir der Zahlenkombination 555 in den letzten Tagen oder Wochen viel öfter begegnet sind, als wir zuerst angenommen haben.

Die Engelszahlen tauchen also meistens in den gewöhnlichsten Situationen und Umgebungen auf. Manchmal verspüren wir aber auch einen inneren Impuls oder eine plötzliche Eingebung, auf bestimmte Zahlen oder Sequenzen zu achten. Haben wir das Gefühl, dass eine bestim-

mte Zahl oder eine Zahlenkombination unsere Aufmerksamkeit erregen möchte, könnte das ein Hinweis darauf sein, dass es sich dabei um eine Engelszahl handelt. Außerdem können uns Angel Numbers in Träumen, während der Meditation oder beim Lesen eines Buches oder Artikels sowie beim Anschauen eines Videos begegnen oder wir können diese in Gesprächen oder bei Begegnungen auf eine unerwartete Weise wahrnehmen.

Tauchen Engelszahlen in unserem Leben auf, sollten wir uns bewusst Zeit nehmen, offen und aufmerksam sein, in uns gehen und die Botschaft, die sich hinter den Zahlen verbirgt, interpretieren und reflektieren – zum Beispiel durch innere Einkehr, Meditation oder das Journaling mit Engelszahlen. Wenn wir uns auf die symbolische Bedeutung der Engelszahlen einlassen und bewusst beobachten, wann und wie diese in unserem Leben auftauchen, können wir nicht nur eine tiefere Verbindung zur spirituellen Welt herstellen, sondern auch die aufrichtige Unterstützung und liebevolle Führung der Engel erfahren.

Die Bedeutung der Engelszahlen

DIE BEDEUTUNG VON EINZELNEN ZAHLEN (0-9)

Engelszahlen sind subtile und zugleich kraftvolle Möglichkeiten, durch die Engel und das Universum mit uns kommunizieren. Sie sind eine Form von himmlischen Geheimcodes, die in unserem täglichen Leben auftauchen und uns durch ihre Bedeutungen Unterstützung, Führung und Bestätigung schenken. Dabei tragen die einstelligen Engelszahlen tiefe und besondere Bedeutungen und symbolisieren spezifische Botschaften und Energien. Lernen wir, die Engelszahlen bewusst in unserem Alltag wahrzunehmen und ihre jeweiligen Bedeutungen zu entschlüsseln, kann es uns gelingen, die Verbindung zu unserer spirituellen Seite herzustellen sowie zu vertiefen und damit den Weg zu einem erfüllteren, glücklicheren und positiveren Leben zu ebnen. In diesem Kapitel finden Sie alles, was Sie wissen müssen, um die Zeichen und Botschaften der Engel zu verstehen und zu entschlüsseln.

Die Zahl 0

Die Zahl 0 repräsentiert das universelle Bewusstsein, den Prozess der Schöpfung und die göttliche Quelle. Sie symbolisiert die Ewigkeit und den Beginn aller Dinge und zeigt uns auf, dass wir Teil des großen Ganzen sind und alles miteinander verbunden ist.

Die Zahl 1

Die Zahl 1 versinnbildlicht den Neubeginn, die Originalität, die Selbstverwirklichung, die Individualität und die Einheit. Dabei repräsentiert die Zahl 1 die Kraft des Einzelnen und ermutigt uns dazu, unsere individuellen Fähigkeiten zu nutzen, um unsere persönlichen Ziele zu erreichen. Außerdem ist sie eine Erinnerung daran, dass wir die Schöpfer unseres eigenen Lebens sind und deshalb die Verantwortung für unsere Entscheidungen sowie für unsere eigenen Handlungen selbst tragen.

Die Zahl 2

Die Zahl 2 repräsentiert Zusammenarbeit, Harmonie, Ausgleich und Dualität und steht für die Vereinigung von Gegensätzen. Zudem erinnert uns die Zahl 2 daran, dass Kooperation und Gleichgewicht wichtige Komponenten des Lebens sind. Sie spendet uns Mut, unsere Beziehungen zu pflegen und in Harmonie mit anderen Menschen zu leben.

Die Zahl 3

Die Zahl 3 versinnbildlicht den Ausdruck, die Selbstdarstellung, die Kreativität und die göttliche Führung. Sie steht für die Verbindung von Körper, Geist und Seele und bekräftigt uns darin, unserer inneren Führung zu vertrauen und unsere individuelle Kreativität zu nutzen. Weiterhin zeigt uns die Zahl 3, dass wir nicht nur die Schöpfer unseres eigenen Lebens sind, sondern auch, dass unsere Handlungen und unser Ausdruck

Auswirkungen haben und Konsequenzen mit sich bringen. Damit ist sie eine Botschaft für Stärke, die uns dazu inspiriert, uns darüber bewusst zu werden, was wir für uns und unser Leben wirklich wollen.

Die Zahl 4

Auf der einen Seite symbolisiert die Zahl 4 Stabilität, Festigkeit und den Aufbau eines soliden Fundaments, wodurch uns die Zahl daran erinnert, dass wir nicht nur geduldig, sondern auch beharrlich sein müssen, um unsere eigenen Ziele erreichen zu können. Andererseits steht die Zahl 4 aber auch für Struktur, Organisation und das Auge fürs Detail und ermutigt uns somit dazu, eine stabile Grundlage für unser Leben aufzubauen.

Die Zahl 5

Die Zahl 5 ist ein Ausdruck für Freiheit, Abenteuer, Vielfalt und Veränderung und zeigt uns auf, dass Veränderungen ein ganz natürlicher Teil des Lebens sind und dass wir stets flexibel und anpassungsfähig sein sollten. Außerdem ermutigt uns die Zahl dazu, uns neuen Erfahrungen zu stellen und dabei unsere Komfortzone zu verlassen und die Welt zu sehen, um persönliches Wachstum erreichen zu können.

Die Zahl 6

Die Zahl 6 repräsentiert Verantwortung, Fürsorge und das Prinzip des bedingungslosen Lebens. Dadurch erinnert uns die Zahl 6 einerseits daran, nicht nur für uns selbst, sondern auch für andere Menschen zu sorgen und andererseits unseren Verpflichtungen nachzugehen und ein Leben voller Liebe und Mitgefühl zu leben. Zudem lädt uns die Zahl 6 dazu ein, all das aus unserem Leben zu verbannen, was uns unsere Freude nimmt und uns Lebenskraft raubt.

Die Zahl 7

Die Zahl 7 steht für innere Weisheit, Erkenntnis und Spiritualität und regt uns zur Erweiterung unseres Wissens und zur Förderung unserer spirituellen Entwicklung an. Außerdem lädt uns die Zahl 7 dazu ein, unsere Intuition zu nutzen und uns sowohl mit unserem inneren Selbst als auch mit der spirituellen Welt zu verbinden.

Die Zahl 8

Die Zahl 8 ist ein Symbol für Erfolg, Fülle, Überfluss, Unendlichkeit und materiellen Wohlstand. Sie erinnert uns daran, dass wir das Potential haben, Fülle in jedem Bereich unseres Lebens zu erfahren. Des Weiteren steht die Zahl 8 für Balance und Karma und regt uns dazu an, unsere Energie auf positive Art und Weise zu investieren, um dadurch wünschenswerte Ergebnisse erzielen zu können.

Die Zahl 9

Einerseits steht die Zahl 9 für die Vollendung, den Abschluss und das spirituelle Wachstum, andererseits symbolisiert sie die Erfüllung des tieferen Zwecks unserer Seele sowie die Erkenntnis und die Weisheit, die wir aus Erfahrungen gewinnen können. Dabei erinnert uns die Zahl 9 daran, nicht an alten Mustern festzuhalten, sondern diese vielmehr loszulassen und somit Raum für neue Möglichkeiten zu schaffen. Außerdem versinnbildlicht die Zahl 9 den Dienst an anderen und inspiriert uns dazu, unsere Fähigkeiten und Ressourcen zum Wohl anderer Menschen einzusetzen. Grundsätzlich ist bei der Interpretation der Botschaften einzelner Engelszahlen zu beachten, dass diese immer nur allgemeine Bedeutungen sind und die exakte Interpretation einer Engelszahl jeweils von unserer individuellen Intuition und Situation abhängig ist. Aus diesem Grund sollten wir auf unsere eigene innere Führung und unsere Intuition vertrauen, um die Botschaften, die uns unsere Engel senden, entschlüsseln zu können.

KOMBINATIONEN UND SEQUENZEN VON ENGELSZAHLEN

Engelszahlen treten nicht nur als einzelne Zahlen von null bis neun auf, sondern begegnen uns auch in Form von Kombinationen und Sequenzen, die eine tiefere Bedeutung und Botschaft haben können und über die Bedeutungen der Einzelzahlen hinausgehen. Treten Engelszahlen in bestimmten Kombinationen oder Sequenzen auf, verstärkt sich ihre Aussage und sie können uns eine ganz spezifische Botschaft übermitteln.

Kombinationen und Sequenzen von Engelszahlen sind wie eine zarte, abgestimmte Melodie, die das Universum nur für uns komponiert hat. Dabei trägt jede Zahl innerhalb der Kombination bzw. der Sequenz ihre eigene Bedeutung und hat ihre eigene Energieschwingung, wobei jedoch erst das Zusammenspiel der Zahlen die einzigartige und wundervolle Botschaft des Universums formt.

Treten Engelszahlen in Kombinationen und Sequenzen auf, verstärkt sich nicht nur ihre Bedeutung, sondern auch ihre Intensität. Sie sind ein Hinweis darauf, dass uns das Universum eine spezifische Botschaft übermitteln möchte, die entweder auf unseren Entwicklungsprozess, unsere gegenwärtigen Herausforderungen oder unsere aktuelle Situation abgestimmt ist. Obgleich jede einzelne Engelszahlkombination und -sequenz ihre eigene einzigartige Botschaft hat, finden sich im Folgenden einige allgemeine Interpretationen wieder. Eine umfangreiche Übersicht zu den einzelnen Engelszahlen und ihren Bedeutungen von 0 bis 999 findet sich im Kapitel „Das Workbook: Praktische Übungen mit Engelszahlen" wieder.

1. **Aufsteigende oder absteigende Zahlenreihen:** Eine aufsteigende oder absteigende Zahlenreihe, wie zum Beispiel 123 oder 876, symbolisiert oftmals eine Entwicklung oder einen Fortschritt in unserem Leben. Somit kann uns die Zahlenreihe einen Hinweis darauf geben, dass wir auf dem richtigen Weg sind.

2. **Wiederholte Zahlen:** Eine wiederholte Zahl innerhalb einer Kombination oder Sequenz verstärkt die Bedeutung der gesamten Engelszahl und kann darauf hinweisen, dass wir unsere Aufmerksamkeit auf eine bestimmte Eigenschaft oder Qualität, die von dieser Zahl symbolisiert wird, lenken sollen. So kann beispielsweise die Zahl 11 bedeuten, dass wir unsere Absichten und Gedanken ins Positive ausrichten und beginnen sollen, an unsere eigenen Fähigkeiten zu glauben.

3. **Dreifache Zahlen:** Dreifache Zahlen, wie beispielsweise 555 oder 777, symbolisieren oftmals Unterstützung oder göttlichen Schutz und sind ein Zeichen dafür, dass wir nicht alleine sind, sondern von unseren spirituellen Führungswesen und Schutzengeln begleitet werden. Dreifache Zahlen ermutigen uns dazu, auf unsere eigene Intuition zu hören und den Führungen, die uns gegeben werden, zu folgen.

4. **Spiegelzahlen:** Spiegelzahlen, zu denen zum Beispiel 3443 oder 4334 gehören, zeigen auf, dass sich die Gegensätze in unserem Leben miteinander verbinden und dass diese in Einklang gebracht werden sollten. Außerdem können Spiegelzahlen darauf hinweisen, dass wir Balance in unterschiedlichen Aspekten unseres Lebens finden sollten – zum Beispiel zwischen Körper und Geist, Arbeit und Freizeit oder Geben und Nehmen.

5. **Weitere einzigartige Kombinationen:** Neben den hier aufgelisteten Möglichkeiten gibt es noch unzählige weitere Verknüpfungen und Sequenzen von Engelszahlen, die alle ihre eigene spezifische Bedeutung haben. So kann beispielsweise die Sequenz 1234 sowohl auf einen Neuanfang als auch auf einen geordneten Fortschritt hindeuten, während die Kombination 8888 für Überfluss und Fülle steht.

Tritt eine bestimmte Kombination oder Sequenz von Engelszahlen häufiger in unserem Leben in Erscheinung, können wir uns neben der allgemeinen Deutung zu dieser Zahl aber auch ansehen, welche Bedeutung sich hinter jeder einzelnen Zahl der Kombination verbirgt, und diese zusammensetzen und die Botschaft für die Gesamtsumme entschlüsseln. Dafür müssen wir lediglich alle Zahlen zusammenfügen, bis wir eine einzelne Ziffer erhalten.

Beispiel:

- die Zahl ist die 615
  - 615 = 6 + 1 + 5 = 12
  - 12 hinzufügen = 1 + 2 = 3
- die Zahl 6 symbolisiert Verantwortung und Fürsorge
- die Zahl 1 repräsentiert den Neubeginn und die Selbstverwirklichung
- die Zahl 5 steht für Veränderung und Freiheit
- die Zahl 3 versinnbildlicht den Ausdruck und die Kreativität

Die Summe der Engelszahl 615 ist 12, die sich auf die Zahl 3 reduzieren lässt und somit für den Ausdruck und die Kreativität steht. Taucht die Zahl 615 immer wieder in unserem Leben auf, kann dies also ein Zeichen dafür sein, dass wir Verantwortung übernehmen und fürsorglich handeln sollten (6), während wir unsere Freiheit ausleben und damit Veränderungen in unser Leben treten (5), die uns einen Neubeginn ermöglichen, bei dem wir uns selbst verwirklichen können (1) und mehr persönlichen Ausdruck und Kreativität haben (3).

Natürlich sind die Bedeutungen von Kombinationen und Sequenzen von Engelszahlen nicht endgültig und können je nach individuellem Kontext und persönlicher Interpretation variieren. Bei der Interpretation und Deutung von Engelszahlbotschaften ist es deshalb wichtig, auf unsere Intuition sowie auf unsere Verbindung zum Universum zu vertrauen, um die spezifischen Botschaften, die uns das Universum durch einzigartige Kombinationen und Sequenzen übermitteln möchte, verstehen zu können. Mit einem offenen und achtsamen Geist werden wir die Zeichen des Universums jedoch erkennen und diese als Wegweiser auf unserer spirituellen Reise nutzen.

INTERPRETATION UND DEUTUNG VON ENGELSZAHL-BOTSCHAFTEN

Die Interpretation und Deutung von Engelszahlbotschaften ist eine fesselnde Thematik, denn Engelszahlbotschaften sind ein außergewöhnliches Tool, das uns auf unserem spirituellen Weg begleiten und uns sowohl Führung als auch Unterstützung bieten kann. Engelszahlen sind subtile Zeichen und geheime Codes des Universums, die in unser Leben eintreten und uns Schutz, Führung und Inspiration bieten. Jede Engelszahl hat dabei ihre eigene Bedeutung und Energie, wobei die Kombinationen und Sequenzen der Zahlen diese Botschaften noch einmal zusätzlich verstärken.

Bemerken wir Engelszahlen in unserem Alltag, ist es wichtig, unsere Aufmerksamkeit auf die Botschaften zu richten und sie nicht als reinen Zufall abzutun. Das Universum spricht zu uns in einer Sprache der Zahlen und bedient sich dabei zusätzlich Symboliken, um unsere Aufmerksamkeit zu erregen und uns eine spezifische Botschaft zu übermitteln. Die Interpretation und Deutung von Engelszahlbotschaften erfordert dabei nicht nur Intuition, sondern auch Sensibilität. Bei der Entschlüsselung der Botschaften müssen wir in uns hineingehen und bewusst beobachten, was geschieht, wenn wir die Nachrichten des Universums wahrnehmen.

1. Numerologie

Die Numerologie ist ein esoterisches System, das sich mit der Bedeutung von Zahlen, Buchstaben und Mustern beschäftigt und ihre Beziehung zu unterschiedlichen Aspekten des Lebens interpretiert. Im Zuge dessen geht die Numerologie davon aus, dass das Universum eine präzise mathematische Struktur besitzt und dass jede Zahl eine inhärente Schwingung und Energie hat, die einen tieferen Einblick in unsere Talente, in unsere Beziehungen, in unsere Persönlichkeit und in unser Schicksal bieten kann.

Grundsätzlich blickt die Numerologie auf eine lange Tradition zurück und war schon bei den Maya, den Ägyptern und den Babyloniern ein wichtiger kultureller Bestandteil. Die meisten Numerologen halten dabei den griechischen Philosophen und Mathematiker Pythagoras (um 570 v. Chr. bis ca. 500 v. Chr.) für den Begründer der Numerologie. Pythagoras gründete eine einflussreiche philosophisch-religiöse Bewegung, die unter dem Namen Pythagoreismus bekannt ist. Seine Schule betonte die Bedeutung der Zahlen und die mathematischen Prinzipien als fundamentale Elemente des Universums. Pythagoras und seine Anhänger vertraten den Glauben, dass Zahlen die Grundlage des Universums bilden und tiefe metaphysische Bedeutungen sowie mystische Eigenschaften besitzen. Obgleich zahlreiche Details über das Leben und das Wirken von Pythagoras nicht eindeutig belegt sind, hat sein Einfluss auf die Philosophie, die Mathematik und die Spiritualität eine bleibende Wirkung hinterlassen.

Demnach basiert die Numerologie auf dem Glauben, dass alles in der Welt abhängig von numerischen Mustern ist. Dabei geben Zahlen in der Numerologie jedoch keinen Wert an und haben keine rein mathematische und formale Funktion. Vielmehr werden sie symbolisch verstanden und besitzen eine eigene, ganz besondere Bedeutung und einen spezifischen, individuellen Charakter.

In der Regel werden in der Numerologie unterschiedliche Methoden und Systeme verwendet, um die Bedeutung von Zahlen zu identifizieren. Dabei kann die Numerologie auf verschiedene Art und Weise angewendet und zum Beispiel genutzt werden, um die Geburtszahl, die Lebenszahl oder die Namenszahl zu berechnen.

Die Geburtszahl kann über das Geburtsdatum berechnet werden. Sie ergibt sich aus der Zahl des Tages, an dem wir geboren wurden.
Wurden Sie zum Beispiel am 7. August geboren, so ist Ihre Geburtszahl die 7. Wenn Sie jedoch am 17. eines Monats geboren wurden (zweistellige Zahl), dann werden die beiden Ziffern der Zahl addiert (1 + 7 = 8), um die Geburtszahl aus der Summe beider Ziffern zu ermitteln.

Die Lebenszahl gibt uns Aufschluss über unseren vorbestimmten Lebensweg und offenbart uns unser wahres Wesen. Sie erinnert uns einerseits daran, was uns einzigartig macht, und zeigt uns andererseits unsere karmische Schuld, die es zu erkennen und abzuarbeiten gilt. Die Lebenszahl ergibt sich dabei aus der Summe von Tag, Monat und Jahr unseres Geburtsdatums.
Wurden Sie zum Beispiel am 17. September 1992 geboren, würden zur Errechnung der Lebenszahl zunächst die beiden Ziffern des Tages addiert werden: 1 + 7 = 8.

Anschließend werden die beiden Ziffern des Monats addiert: 0 + 9 = 9.

Zuletzt werden die Ziffern des Jahres addiert: 1 + 9 + 9 + 2 = 21. Hierbei handelt es sich um eine zweistellige Zahl, die keine Meisterzahl (die Erklärung hier finden Sie weiter unten) ist, weshalb diese weiter reduziert werden muss: 2 + 1 = 3.

Abschließend werden dann alle Nummern addiert: 8 (Tag) + 9 (Monat) + 3 (Jahr) = 20. Die Zahl wird nochmals mittels Addition reduziert: 2 + 0 = 2, womit die Lebenszahl die 2 ist.

Die Namenszahl offenbart unseren Herzenswunsch und deutet auf etwas hin, wonach sich unsere Seele zutiefst sehnt. Zur Berechnung der Namenszahl wird dieselbe Methode verwendet, die zur Berechnung der Lebenszahl herangezogen wird. Anstatt jedoch den Tag, den Monat und das Jahr unseres Geburtsdatums in die Berechnung einfließen zu lassen, dient hierbei unser Vor- und Nachname als Grundlage der Rechnung, wobei jedem Buchstaben eine Zahl zugeordnet wird:

- Den Buchstaben A, J, S wird die Zahl 1 zugeordnet.
- Den Buchstaben B, K, T wird die Zahl 2 zugeordnet.
- Den Buchstaben C, L, U wird die Zahl 3 zugeordnet.
- Den Buchstaben D, M, V wird die Zahl 4 zugeordnet.
- Den Buchstaben E, N, W wird die Zahl 5 zugeordnet.
- Den Buchstaben F, O, X wird die Zahl 6 zugeordnet.
- Den Buchstaben G, P, Y wird die Zahl 7 zugeordnet.
- Den Buchstaben H, Q, Z wird die Zahl 8 zugeordnet.
- Den Buchstaben I, R wird die Zahl 9 zugeordnet.

A	B	C	D	E	F	G	H	I
J	K	L	M	N	O	P	Q	R
S	T	U	V	W	X	Y	Z	
1	2	3	4	5	6	7	8	9

Eine Person heißt zum Beispiel Kira Alario und hätte somit folgende Zahlenfolge: 2 + 9 + 9 + 1 + 1 + 3 + 1 + 9 + 9 + 6 = 50. Da die Zahl wieder zweistellig ist, werden die einzelnen Ziffern erneut addiert, sodass die Namenszahl 5 beträgt.

In der Numerologie hat jede Zahl eine bestimmte spirituelle Bedeutung, die jedoch von Numerologe zu Numerologe und von Kultur zu Kultur variieren kann. Nichtsdestotrotz findet sich im Folgenden eine Übersicht zu den Bedeutungen hinter den Zahlen unserer individuellen **Lebenszahl**, durch die wir die Zahlen besser analysieren und interpretieren und damit eine tiefere Verbindung zu uns selbst sowie dem Universum herstellen können:

Die **Zahl 0** beschreibt den Anfang aller Dinge, in dem sich nichts und alles befindet. Sie mag zwar ein vollkommenes und randvolles Gefäß sein, trotzdem steht sie für unendliche Leere. An dieser Stelle muss jedoch angemerkt werden, dass es nicht möglich ist, die Zahl 0 als Lebenszahl zu haben.

Die **Zahl 1** ist das Zeichen Gottes und gleichzeitig die Voraussetzung für alle anderen Zahlen. Somit ist die Zahl 1 ein Symbol für einen Neuanfang, für Einheit, Aufbrüche und für die Erneuerung. Sie symbolisiert einen zielstrebigen, unabhängigen, kreativen, impulsiven, willensstarken, dickköpfigen, egoistischen, selbstbewussten, eigenständigen und lebhaften Menschen.

Die **Zahl 2** steht für Gegensatz und Widerspruch, für Schatten und Licht und für Hell und Dunkel. Außerdem symbolisiert die Zahl 2 das Weibliche, dem die Eigenschaften Bescheidenheit und Lieblichkeit zugeordnet werden. Sie ist das Symbol für zwei Hälften eines Ganzen und versinnbildlicht einen sanftmütigen, sensiblen, harmoniebedürftigen, rücksichtsvollen, pessimistischen, fantasievollen und geduldigen Menschen,

der sich bei Entscheidungen Zeit nimmt und seine Energie dafür nutzt, um sein eigenes Selbstbewusstsein zu stärken.

Die **Zahl 3** ist die Zahl des Erfolgs und des Glücks und steht für einen kommunikativen, fleißigen, spontanen, mutigen, lebensfrohen, charmanten, positiven und sozialen Menschen, der wahrscheinlich zu seinem Umfeld und seinen Geschwistern eine enge Beziehung hat.

Die **Zahl 4** ist eine Zahl der Ganzheit und eine Glückszahl. Sie verkörpert die vier Elemente, die vier Mondphasen, die vier Jahreszeiten, die vier Wochen in einem Monat, die vier Abschnitte des Tages und repräsentiert einen gesetzestreuen, organisierten, willensstarken, großzügigen, tatkräftigen, hilfsbereiten, abhängigen und Struktur liebenden Menschen, der mit Stolz an sozialen Normen festhält.

Die **Zahl 5** ist eine magische Zahl, die sich in einem Pentagramm, den fünf Sinnen des Menschen, den fünf Fingern und Zehen jeden Fußes wiederfindet. Jede ungerade Zahl, die mit der Zahl 5 multipliziert wird, ergibt am Ende wieder die Zahl 5. Sie verweist auf einen lebenslustigen Menschen, der nach Freiheit und Lebenslust strebt und bereit ist, Risiken einzugehen, rastlos und unruhig und bei alltäglichen Dingen nicht besonders verantwortungsvoll ist.

Die **Zahl 6** ist die vollkommene Zahl des Gleichgewichts, der Harmonie, der Kraft und des Glücks. Sie versinnbildlicht einen Menschen, der in allen Bereichen seines Lebens sowie innerhalb seiner Beziehungen nach Autorität, Perfektionismus und Führung sucht. Außerdem besitzt diese Person eine Energie, in der sich der Wunsch nach Führung reflektiert.

Die **Zahl 7** ist eine heilige Zahl, die Intuition und Spiritualität symbolisiert. Menschen, die diese Lebenszahl haben, besitzen die Tendenz, sensibel, spirituell, verständnisvoll, neugierig, beeinflussbar, intuitiv und medial veranlagt zu sein und sich in Beziehungen zu verwickeln.

Die **Zahl 8** ist ein positives Symbol, das sich zweimal aus der Glückszahl vier zusammensetzt und somit doppeltes Glück bringt. Einerseits steht die Zahl 8 für die Unendlichkeit und das Leben nach dem Tod und andererseits verweist sie auf einen Menschen, der eine Affinität zu Macht, Erfolg, Kontrolle, Karriere und Materialismus hat und ein inneres Verlangen danach verspürt, die Welt zu beherrschen. Menschen mit der Lebenszahl 8 sind verantwortungsbewusst, gerecht und haben eine gute Menschenkenntnis.

Die **Zahl 9** symbolisiert Vollkommenheit und repräsentiert das Ende aller Dinge. Sie hilft uns, zu verinnerlichen, dass wir nicht in Richtung Zukunft gehen können, wenn wir die Vergangenheit nicht loslassen. Menschen mit der Lebenszahl 9 sind empathisch, charismatisch, autoritär und ehrlich. Sie haben eine hohe emotionale Intelligenz, stehen für ihre Ideale ein, vereinen Verstand und Intuition miteinander, können sich jedoch manchmal nicht entscheiden, ob sie nun auf ihren Verstand oder ihre Intuition hören sollen.

Neben den einstelligen Zahlen gibt es außerdem noch die sogenannten Meisterzahlen als Lebenszahlen, die nicht auf eine einstellige Zahl reduziert werden müssen. Normalerweise werden zweistellige Zahlen in der Numerologie addiert, sodass aus einer 13 beispielsweise eine 4 wird (1 + 3 = 4). Die Zahlen 11, 22 und 33 stellen jedoch eine Ausnahme dar, sodass aus ihnen nicht noch einmal die Quersumme gebildet werden muss.

Grundsätzlich sind **Meisterzahlen** spezielle Zahlen in der Numerologie, die eine tiefgreifende und erhöhte spirituelle Bedeutung haben. Sie symbolisieren spirituelle Entwicklung und einen Zustand der Meisterschaft und werden deshalb häufig als besonders kraftvoll sowie als Zeichen der Bestätigung und Führung durch das Universum angesehen. Die Meisterzahlen 11, 22 und 33 gelten als die einzigen Meisterzahlen, da sie sich aus den Ziffern 1, 2 oder 3 zusammensetzen, gemeinsam das Dreieck der Erleuchtung bilden und für die drei Phasen der Schöpfung (Vision, Aufbau und Weitergabe) stehen.

Die **Meisterzahl 11** symbolisiert Inspiration, Intuition sowie Innovation. Menschen mit der Meisterzahl 11 sind sehr fantasievoll, verträumt, empathisch, intuitiv, hochsensibel, kritisch und reflektiert. Sie stecken andere Menschen mit ihrem Charisma und ihrem Enthusiasmus an und möchten zwar die Welt verbessern, jedoch nicht zu viel Verantwortung übernehmen, da sie schüchterne Persönlichkeiten sind.

Die **Meisterzahl 22** repräsentiert nicht nur Ehrgeiz, Disziplin, Erfolg und Macht, sondern auch Pläne, Träume und Visionen. Menschen mit der Meisterzahl 22 haben vielseitige Interessen und sind die geborenen Anführer, weil sie sehr produktiv sind und ihnen materielle Dinge nicht viel bedeuten. Vielmehr setzen sie sich für Frieden und Gerechtigkeit ein.

Die **Meisterzahl 33** versinnbildlicht Erleuchtung, Schöpfertum und Botschafter. Menschen mit der Meisterzahl 33 sind sensibel und selbstlos und helfen zuerst anderen, bevor sie sich selbst helfen. Bei der Meisterzahl 33 steht ein erhöhtes Bewusstsein und die bedingungslose Liebe im Vordergrund.

Obwohl die Numerologie und die Engelszahlen als verschiedene Ansätze zur Interpretation von Zahlen und ihren Bedeutungen betrachtet werden können, sind beide Methoden wundervolle Werkzeuge, um die Botschaften, die uns unsere Engel übermitteln möchten, zu entschlüsseln.

2. Engelbotschaften

Engel sind spirituelle Wesen, die von vielen Traditionen und Kulturen als Diener und Boten Gottes angesehen werden und damit als Vermittler zwischen der göttlichen Sphäre und den Menschen gelten. Engel werden häufig als weise und liebevolle Führungswesen dargestellt, die übernatürliche Kräfte, Hingabe, Reinheit und Güte besitzen. Als liebevolle Begleiter führen sie uns auf unserem Lebensweg, senden uns Botschaften und können uns dabei helfen, uns mit unserer spirituellen Natur zu verbinden und dadurch unser höchstes Potential zu entfalten.

Engelszahlen sind demnach keine zufälligen Ereignisse, sondern vielmehr gezielte Botschaften von Engeln, die uns auf unserem Lebensweg und unserer spirituellen Reise begleiten und führen sollen. Je nach individuellen Bedürfnissen und Lebensumständen können die Engelbotschaften dabei verschiedene Nachrichten übermitteln. So können sie uns einerseits darauf hinweisen, dass wir uns auf dem richtigen Weg befinden, oder uns andererseits aufzeigen, dass wir unsere Verhaltensweisen und Einstellungen noch einmal überdenken sollten. Außerdem können uns die Botschaften der Engel dazu ermutigen, unsere Intuition und innere Weisheit zum Treffen von Entscheidungen zu nutzen, oder uns daran erinnern, uns auf unsere eigene spirituelle Entwicklung zu fokussieren. Letztendlich sind Engelbotschaften aber immer auch eine Erinnerung daran, dass uns die Engel und das Universum unterstützen und uns bedingungslos lieben.

3. Intuition und innere Führung

Die Interpretation und Deutung von Engelszahlen durch Intuition und innere Führung ist ein wundervolles Tool, das uns dabei hilft, die Botschaften sowie die tiefere Bedeutung hinter den Zahlen zu verstehen. Obgleich es eine Vielzahl an Methoden gibt, um die Engelszahlen zu entschlüsseln, ist die Verbindung mit unserer Intuition und inneren Weisheit fundamental, um die wahre Bedeutung zu erfassen, die sich hinter den Zahlen verbirgt.

Um die Engelszahlen entschlüsseln zu können, müssen wir eine tiefe Verbindung zu unserer inneren Führung und unserer Intuition aufbauen. Die Interpretation der Botschaften ist dabei ein Prozess des Vertrauens auf unsere innere Weisheit und des Hineinhörens in uns selbst. Bei der Entschlüsselung der Botschaften, die uns das Universum übermitteln möchte, ist es nicht nur wichtig, offen für die Möglichkeit zu sein, dass es sich bei Engelszahlen um Botschaften des Universums handeln könnte, sondern auch, achtsam und aufmerksam für die Zahlen zu sein, die uns im Alltag begegnen.

Regelmäßiges Meditieren und Zeit für Stille können uns im Zuge dessen dabei helfen, eine Verbindung mit unserer inneren Weisheit herzustellen und gleichzeitig unsere Intuition zu stärken. Da die Interpretation von Engelszahlen immer auch ein individueller Prozess ist und die Bedeutung einer Zahl für jeden Menschen verschieden sein kann, sollten wir bei der Entschlüsselung der Botschaften auf unsere innere Führung und Intuition vertrauen und auf unsere Gedanken, Gefühle und Eingebungen hören, die auftauchen, wenn wir uns mit einer Zahl verbinden. Oftmals können uns unsere emotionalen Reaktionen und unsere innere Reflexion einen Hinweis darauf geben, welche Bedeutung sich hinter den Zahlen verbirgt und welche Aspekte unseres Lebens sie berühren. Manchmal haben wir aber auch ganz intuitiv ein Gefühl dafür, welche Bedeutung eine bestimmte Zahl für uns hat, und sollten dieses Gefühl dann als Leitfaden zur Interpretation nutzen.

4. Symbolik und Assoziationen

Die Interpretation von Engelszahlen durch Symbolik und Assoziationen ist eine weitere wundervolle Methode, um die Bedeutung hinter den Zahlen zu entschlüsseln. Jede Engelszahl hat ihre eigene Symbolik und kann mit der Hilfe von bestimmten Assoziationen verknüpft werden, die uns dabei unterstützen, die Botschaften des Universums zu verstehen.

Grundsätzlich basiert die Interpretation von Engelszahlen mithilfe von Symbolik und Assoziationen auf der Zuordnung von bestimmten Eigenschaften und Bedeutungen zu den Zahlen. Bei der Interpretation von Engelszahlen durch Symbolik und Assoziationen können wir uns dabei auf unterschiedliche Elemente konzentrieren, denn Zahlen haben in verschiedenen Kulturen, esoterischen Lehren, numerologischen Systemen und spirituellen Traditionen ihre eigene symbolische Bedeutung. So wird die Zahl 1 zum Beispiel oftmals mit Neuanfang, Führung und Einheit assoziiert, während die Zahl 2 Gleichgewicht, Dualität und Partnerschaft symbolisiert. Das allgemeine Verständnis von Zahlensymboliken und die symbolische Bedeutung jeder Zahl helfen uns somit also, die Botschaften der Engelszahlen besser interpretieren zu können. Darüber hinaus können Engelszahlen, wie in diesem Kapitel bereits umrissen, durch die esoterische Methode der Numerologie auf eine einzige Ziffer verkürzt werden, indem jede einzelne Ziffer einer Zahl addiert und daraus dann die Quersumme gebildet wird. Die reduzierte Zahl kann in der Folge dann mit der Symbolik und den mit ihr verknüpften Assoziationen neu interpretiert werden. Auf der anderen Seite sollten wir jedoch immer auch die Einzelziffern einer mehrstelligen Zahl betrachten und jede Ziffer separat entschlüsseln. Daneben hat jeder von uns seine eigenen Assoziationen mit Zahlen, die auf vergangenen Erlebnissen, persönlichen Vorlieben und Erfahrungen sowie Erinnerungen basieren. Haben wir in der Vergangenheit positive Erfahrungen mit einer bestimmten Zahl gesammelt, kann diese Zahl auch in der Gegenwart sowie in der Zukunft eine glücksbringende und besonders spirituelle Bedeutung haben. Konzentrieren wir uns auf unsere persönlichen Assoziationen, gelingt es uns, eine

tiefere Verbindung zu den Engelszahlen herzustellen und ihre Bedeutung in unserem ganz eigenen Kontext zu verstehen.

5. Persönliche Erfahrungen und Umstände

Engelszahlen können darüber hinaus auch basierend auf persönlichen Erfahrungen und Umständen individuell interpretiert werden. Einerseits sollten wir uns dafür Zeit nehmen, über unsere persönlichen Erfahrungen, Umstände, Herausforderungen und Ziele nachzudenken, und reflektieren, welche Themen uns momentan in unserem Leben beschäftigen und damit den Kontext für die Interpretation von Engelszahlen schaffen. Andererseits sollten wir die wiederkehrenden Zahlen unseres Alltags mit persönlichen Erfahrungen oder Umständen verknüpfen, Verbindungen suchen und betrachten, welche Erinnerungen oder Assoziationen uns zu den einzelnen Zahlen in den Sinn kommen und welche Emotionen und Gefühle sie in uns hervorrufen. Dabei ist immer auch der Kontext, in dem die Zahlen auftreten, von großer Bedeutung. Natürlich sind persönliche Erfahrungen und Umstände immer subjektiv. Jeder Mensch hat seine ganz eigene, individuelle und einzigartige Lebensgeschichte und demzufolge auch seine eigene Art und Weise, Zahlen wahrzunehmen und diese zu interpretieren. Aus diesem Grund ist es so wichtig, bei der Entschlüsselung der Botschaften des Universums immer auf unsere eigene Intuition zu vertrauen und offen für die Bedeutungen zu sein, die sich uns offenbaren, sobald wir uns mit den Zahlen verbinden. Die Erfahrungen, die jeder von uns dabei im Laufe seines Lebens erlebt hat, und die Erinnerungen, die wir gesammelt haben, prägen unsere individuelle Wahrnehmung von Engelszahlen und verleihen ihnen somit ihre ganz eigene persönliche Bedeutung. Wenn wir auf die wiederkehrenden Zahlen in unserem Alltag aufmerksam werden, können wir damit beginnen, ihre jeweiligen Botschaften durch unsere persönlichen Erfahrungen und Umstände zu entschlüsseln und im Zuge dessen unsere einzigartigen Träume, Ziele und Herausforderungen mit in die Interpretation einfließen lassen.

Die Anwendung von Engelszahlen

Spirituelles Wachstum & geistige Reife

BEWUSSTSEIN SCHÄRFEN

Mit großer Wahrscheinlichkeit sind viele Menschen im Laufe ihres Lebens bereits unerwartet mit Engeln in Kontakt getreten oder haben ihre Botschaften empfangen, ohne sie vorher aufgesucht zu haben. Wenn Engel versuchen, mit uns in Kontakt zu treten, geschieht dies oft über sich wiederholende oder ungewöhnliche Geräusche, Gerüche oder Geschmäcke, die keine klar erkennbare Quelle haben – wie ein Brummen, ein Summen, das Läuten von Glocken, ein wehender Blumenduft, ein flüchtiger Geschmack im Mund oder ein geliebter Duft, der aus dem Nichts aufzutauchen scheint und eine vergangene Erinnerung in uns weckt.

Obwohl jeder von uns zu emotionalen Schwankungen neigt, ist Freude, die vollkommen unabhängig zu den Geschehnissen um uns herum ist, oder eine unerwartete Flut intensiver Liebe ein gutes Anzeichen dafür, dass sich ihre Ursachen auf göttliche Diener zurückführen

lassen, wodurch auch Gefühlsausbrüche, die ohne scheinbar ersichtlichen Grund auftauchen und wieder verschwinden, Kontaktversuche der Engel sein können. Außerdem können auch seltsame Körperempfindungen, wie ein Lufthauch oder ein Schauer im Nacken, auf die Präsenz von Engeln, die Kontakt mit uns aufnehmen möchten, hindeuten.

Das Bewusstsein und die Achtsamkeit für diese potentiellen Momente und Zeichen des Engagements können uns auf unserem Weg zur Kommunikation mit den Engeln weiterbringen. Kennen wir die Anzeichen dafür, wie die Engel um uns herum versuchen, Kontakt zu uns aufzubauen, und sind wir in der Lage, diese Zeichen auch zu erkennen, können wir beginnen, mit ihnen zu kommunizieren.

Ausgangspunkt und gleichzeitig das Fundament für ein tieferes Bewusstsein und eine starke Verbindung zu den Engeln ist dabei die Idee, unsere Schwingung zu erhöhen. Grundsätzlich ist unsere gesamte Welt voll von unterschiedlichen Schwingungen. Jeder Gegenstand und jeder Mensch setzt sich aus unzähligen Molekülen zusammen, die alle mit der Erde mitschwingen. Diese Schwingungen können unterschiedlich schnell sein und dadurch niedriger oder höher schwingen.

Unsere Verbindung zur spirituellen Welt lässt sich ganz allgemein mit der Einstellung einer Radiofrequenz vergleichen. Stimmen wir uns auf die spirituelle Welt ein, erhöhen wir automatisch die Frequenz unserer Schwingung, während die spirituellen Wesen ihre Schwingungsfrequenz senken und wir uns beide in der energetischen Mitte treffen. Um uns auf die spirituelle Welt einstimmen zu können, ist es einerseits wichtig, unser Bewusstsein zu stärken, um die subtilen Zeichen und Hinweise des Universums wahrnehmen zu können, und andererseits essentiell, uns auf ein höheres Schwingungsniveau zu begeben.

Grundsätzlich lässt sich die Erhöhung unserer Schwingung durch unterschiedliche Praktiken und Methoden regelmäßig und ganz subtil in unseren Alltag integrieren, zum Beispiel durch:

Meditation

Die Meditation ist eine spirituelle Praxis und zugleich eine der besten und wundervollsten Methoden, um unsere Schwingungen auf ein höheres Niveau zu bringen und uns darauf vorzubereiten, die Botschaften unserer Engel zu empfangen. Im Kapitel „Meditationen und Rituale mit Engelszahlen“ finden sich einige tolle Meditationsübungen wieder.

Bewusstes Praktizieren von Dankbarkeit

Das bewusste Praktizieren von Dankbarkeit ist eine weitere tolle wie auch simple Übung, um unsere Schwingungen zu erhöhen, da Gefühle echter Dankbarkeit eine enorme Kraft haben. Verbringen wir jeden Tag einige Minuten damit, über die Dinge nachzudenken, für die wir tiefe Dankbarkeit empfinden, relativieren sich nicht nur die schwierigen Dinge in unserem Leben, sondern wir heben gleichzeitig auch unsere Schwingungen auf eine höhere Ebene. Im Kapitel „Das Workbook: Praktische Übungen mit Engelszahlen“ findet sich eine tolle Tagesübung für das Praktizieren von Dankbarkeit mit Engelszahlen wieder.

Dehnungen und Atemübungen

Dehn- und Atemübungen können ebenfalls helfen, unser Bewusstsein zu steigern und unsere Schwingungen zu erhöhen. Hierfür reichen bereits fünf bis zehn Minuten am Tag, in denen wir Dehnübungen praktizieren und währenddessen versuchen, tief, bewusst und rhythmisch zu atmen. Im Kapitel „Das Workbook: Praktische Übungen mit Engelszahlen“ finden Sie hierzu eine wundervolle Atemübung mit Engelszahlen.

Kristalle

Kristallen wird eine schwingungserhöhende Fähigkeit nachgesagt, die es wert ist, entdeckt zu werden. Ganz gleich, ob wir uns dabei Energie, Positivität, Geduld oder Klarheit wünschen, Kristalle können ganz bewusst nach ihren jeweiligen Qualitäten ausgewählt und dann bei sich getragen oder im Haus platziert werden, um Schwingungen zum Fließen zu

bringen. Es gibt einige Kristalle, die unsere spirituelle Praxis bereichern und sich ideal für die Kommunikation mit Engeln eignen. Grundsätzlich gilt jedoch immer: Fühlen wir uns zu einem bestimmten Kristall hingezogen, kann das ein wundervoller Hinweis darauf sein, dass dieser ein großartiges Werkzeug für uns sein kann. Außerdem werden jedem Kristall bestimmte Absichten zugesprochen, die uns auf unserer Reise zu einem tieferen Bewusstsein unterstützen können:

Angelit	verbessert die Kommunikation und die Fähigkeit des freien und klaren Sprechens und schenkt uns Gelassenheit
Celestit	bringt Körper und Seele in Einklang, bringt Ausgeglichenheit und Frieden in unser Leben; mächtiger Verstärker unserer göttlichen Intuition, unterstützt ebenfalls unsere Kommunikation
Citrin	motiviert, inspiriert zu Kreativität, hilft beim kraftvollen Ausdruck und mindert Depressionen, Kummer sowie Stress
Engel-Aura-Quartz	ein wahrer Allrounder, der unsere Gefühle zentriert und uns Positivität und intensive Freude bereitet; zudem fördert er unseren Energiefluss
Obsidian	wehrt negative Energien ab, erdet uns, löst Ängste, Blockaden und Traumata und unterstützt unsere Selbstheilungskräfte
Rosenquarz	weckt Liebe und Eigenliebe, Wärme und Vertrauen und stärkt die Sensibilität – ein wirkungsvoller Heilstein für das Herz
Seraphinit	hervorragend geeignet für die Verbindung zu den Engeln, weckt die Neugier und stärkt unsere Belastbarkeit, den Mut und das Leistungsvermögen

Positivität

Wenn wir uns niedergeschlagen fühlen, kann es manchmal helfen, sich selbst dazu herauszufordern, negative Gedanken loszulassen und sich stattdessen auf etwas Positives zu konzentrieren. Hierbei kann vor allem die Nähe zu Tieren oder gemeinsame Zeit mit seinen Lieblingsmenschen helfen, um sich mehr und länger auf positive Gedanken zu konzentrieren. Außerdem sind positive Affirmationen (siehe hierzu Kapitel „Positive Affirmationen") eine wundervolle Methode, um Positivität in unser Leben einzuladen – zum Beispiel, indem Sie folgende Sätze regelmäßig und bewusst wiederholen:

- „Jeder Tag ist eine neue Möglichkeit, an dem ich lernen, wachsen und mich weiterentwickeln kann."
- „Ich erlaube mir, mich von negativen Energien und Gedanken zu lösen und mich stattdessen dem Licht zuzuwenden."
- „Ich begegne jedem neuen Tag mit einem offenen Herzen und Optimismus und wähle positive Handlungen und Worte, um die Welt mit Positivität zu füllen."

Praktizieren von Großzügigkeit

Darüber hinaus ist auch das Praktizieren von Großzügigkeit ein absoluter Schwingungserhöher, mit dem wir unser Bewusstsein erweitern können. Grundsätzlich beginnt Großzügigkeit dabei immer mit uns selbst und der Zeit, die wir uns für Selbstliebe und Selbstfürsorge nehmen und in der wir unsere eigenen Bedürfnisse erfüllen. Auf der anderen Seite sollten wir aber auch aufmerksam und achtsam gegenüber den Gefühlen und Bedürfnissen anderer sein und beobachten, wo und wie wir sie unterstützen können. Unsere Hilfe muss dabei nicht immer zwangsläufig mit der Ausgabe von Geld und der Spende von materiellen Ressourcen zusammenhängen, sondern kann auch durch ehrenamtliche Tätigkeiten,

das Spenden von nicht mehr benötigten Gegenständen oder Kleidungsstücken sowie über kleine Gesten und andere Hilfsangebote geschehen. Außerdem ist das Üben von Mitgefühl und Freundlichkeit sowie das Zeigen von Wertschätzung und die Anerkennung und das Lob für die Leistungen und Bemühungen anderer eine wundervolle Art, Großzügigkeit zu praktizieren und das Selbstvertrauen und die Motivation unserer Mitmenschen zu stärken.

Natur

Der Aufenthalt in der Natur wirkt sich nicht nur auf das Körperbild positiv aus, sondern auch auf die geistige Gesundheit und unsere Stimmung. Wann immer es möglich ist, sollten wir deshalb viel Zeit im Freien verbringen und die Ruhe sowie die Schönheit, die die Natur zu bieten hat, in vollen Zügen genießen.

Im Zuge dessen ist insbesondere die Praxis des bewussten und achtsamen Aufenthalts in der Natur, die als **Shinrin Yoku** bezeichnet wird und wörtlich mit **Waldbaden** oder dem **Eintauchen in den Wald** übersetzt werden kann, eine wundervolle Methode, um die positiven Auswirkungen der Natur auf das Wohlbefinden und die Gesundheit zu spüren. Beim Shinrin Yoku steht nicht der sportliche Aspekt im Vordergrund, sondern vielmehr das bewusste Eintauchen in die natürliche Umgebung und die Wahrnehmung der Natur mit all unseren Sinnen.

Grundsätzlich setzt sich das Waldbaden dabei aus dem Lauschen der Naturgeräusche, dem Betrachten der Landschaft, dem Einatmen der frischen Luft und dem Fühlen der naturbelassenen Texturen zusammen. Wenn Sie das Shinrin Yoku gerne selbst einmal ausprobieren möchten, können Sie sich dabei an die folgende Anleitung halten:

1. Suchen Sie einen Wald auf und spazieren Sie langsam und gemütlichen Schrittes.

2. Halten Sie auf Ihrem Weg immer mal wieder inne und achten Sie darauf, sich nicht zu verausgaben und rechtzeitig Pausen einzulegen.

3. Nehmen Sie alles, was Sie umgibt, bewusst wahr – die Farben, die Formen, die Geräusche, die Textilien und die Gerüche.

4. Legen Sie sich ins Gras oder ins Laub und spüren Sie, wie die Sonnenstrahlen Ihre Nase kitzeln.

5. Setzen Sie sich auf einen Baumstumpf, berühren Sie die Rinde eines Baumes und lehnen Sie sich an einem Stamm an.

6. Halten Sie Ausschau nach einem Fluss und kühlen Sie Ihre Füße im kalten Wasser.

7. Entdecken Sie den Wald mit einem offenen und wachen Blick und lernen Sie bekannte Dinge neu kennen.

8. Sammeln Sie Steine, Kastanien und Eicheln. Flechten Sie einen Blumenkranz und suchen Sie sich einen schönen Spazierstock.

9. Springen Sie über Wurzeln, balancieren Sie über Steine und klettern Sie auf Bäume.

10. Praktizieren Sie Achtsamkeit und Dankbarkeit zugleich und setzen Sie sich an einen schönen Platz, um ungestört Ihren Atem beobachten zu können.

11. Setzen Sie sich gemütlich hin, um sich zu sammeln, Ihren Geist zu beruhigen, in Gedanken zu träumen und die Schönheit der Natur zu genießen.

Entgiften

Abschließend kann uns auch die Entgiftung des Körpers von Alkohol, Nikotin, Zucker, Koffein und anderen schädlichen Substanzen dazu verhelfen, dass wir uns zunehmend im Einklang mit der positiven Energie der Welt fühlen. Hierfür eignet sich zum Beispiel eine Darmreinigung hervorragend. Bei der Darmreinigung wird der Dickdarm von Giftstoffen, Ablagerungen und Abfallstoffen gereinigt, wodurch die Gesundheit des Verdauungssystems gefördert, die Darmfunktion verbessert, die Nährstoffaufnahme optimiert und somit das allgemeine Wohlbefinden gesteigert wird.

Wenn Sie eine natürliche Darmreinigung durchführen möchten, müssen Sie dafür nicht zu chemischen Abführmitteln greifen, sondern können natürliche Hausmittel, wie zum Beispiel Flohsamenschalenpulver, verwenden. Vermischen Sie dafür zweimal am Tag jeweils einen Teelöffel Flohsamenschalenpulver mit 200 ml Wasser zur täglichen Darmreinigung und teilen Sie die Flohsamenpulver-Shakes am besten auf morgens und abends auf.

Die Fähigkeit, spirituelles Wachstum zu erreichen und sein eigenes Bewusstsein zu schärfen, ist wie ein Muskel, der mit Zeit und Übung immer stärker wird. Für die meisten Menschen liegt die Herausforderung dabei nicht unbedingt darin, den Zugang zur spirituellen Welt zu erlangen, sondern vielmehr in dem Glauben daran, diese Fähigkeit überhaupt zu besitzen.

Gelingt es uns, unser Bewusstsein zu stärken, uns für die Präsenz von Engelszahlen zu öffnen und diese ganz bewusst zu achten, können wir unser Bewusstsein für die Zeichen des Universums schärfen und tiefer in den Fluss der göttlichen Führung eintauchen. Nach und nach erkennen wir dann, dass es so viel mehr gibt als das, was sich an der Oberfläche erahnen lässt.

BOTSCHAFTEN INTERPRETIEREN

Die Interpretation der Botschaften von Engelszahlen ist eine aufregende und zugleich individuelle Reise, die uns tiefe Einblicke in unseren spirituellen Weg und unser Leben geben kann. Dabei versteckt sich hinter jeder Engelszahl eine eigene Botschaft sowie eine ganz individuelle Bedeutung, die speziell auf uns und unsere momentane Lebenssituation zugeschnitten ist.

Engel kommunizieren über Symbole, Zeichen und Botschaften, die uns zum Beispiel in Form von Gefühlen, Gedanken oder Wörtern erreichen und von uns entschlüsselt und interpretiert werden müssen. Da die Interpretation von Engelsbotschaften schwierig sein kann, ist es in erster Linie wichtig, offen für die Botschaften der Engel und die Nachrichten des Universums zu sein, ihnen bewusst und aufmerksam zuzuhören und uns von unserer Intuition leiten zu lassen. Bei der Interpretation der Botschaften von Engelszahlen können dabei einige allgemeine Prinzipien, wie die Zahlensymbolik, der Kontext und unsere persönlichen Erfahrungen, unsere individuellen Lebensumstände, unsere innere Führung und Intuition, Dankbarkeit und Aufgeschlossenheit sowie die Numerologie helfen. So kann uns die Untersuchung der symbolischen Bedeutungen einzelner Ziffern und ihrer möglichen Zahlenkombinationen zum Beispiel eine tiefergehende Interpretation von Engelszahlen ermöglichen und die Ereignisse, Situationen und Menschen, mit denen die Engelszahlen verbunden sind, können uns helfen, die Botschaften der Himmelswesen in einem individuellen Kontext zu verstehen.

Außerdem liefert das vorliegende Buch wertvolle Hinweise, Deutungen, Interpretationen und Hilfestellungen, um die Botschaften der Engel zu entschlüsseln. Zudem gibt es eine Vielzahl weiterer Ressourcen, wie Bücher und Websites, die sich mit den Engelszahlen und ihren Bedeutungen befassen. Sie können uns helfen, die Symbolik hinter den Zahlen

zu verstehen, und uns gleichzeitig Impulse dafür senden, wie wir diese Bedeutungen in unserem Leben anwenden können.

Darüber hinaus kann auch der Austausch mit anderen Menschen, die sich ebenfalls für Engelszahlen und ihre Bedeutungen interessieren, eine wertvolle Ressource sein. Diskussionen in spirituellen Gruppen, Foren oder Gemeinschaften können uns so neue Perspektiven offenbaren und neue Einsichten bringen. Durch den Dialog und den Austausch mit anderen lernen wir unterschiedliche Erfahrungen und Interpretationen kennen und entdecken dadurch womöglich sogar neue Wege für unsere eigene, individuelle Interpretation.

INNERE FÜHRUNG SUCHEN

Die Suche nach unserer inneren Führung ist eine **Reise der Selbsterkenntnis**, bei der wir mit unserem wahren Selbst bewusst in Kontakt treten. Grundsätzlich bezieht sich die innere Führung dabei auf die Intuition und die Weisheit, die in jedem von uns vorhanden sind. Sie ist die Stimme unseres wahren Selbst, die uns in Einklang mit unserem Potential bringt, uns den Weg weist und uns bei Entscheidungsfindungen, bei Problemlösungen oder bei der Lebensführung leitet. Die innere Führung kann dabei als ein Gefühl der Gewissheit, des Vertrauens sowie der Klarheit empfunden werden.

Der Prozess der Selbsterkenntnis und die innere Führung sind eng miteinander verknüpft, denn wenn wir uns selbst besser kennenlernen, werden wir für unsere innere Führung automatisch empfänglicher und lernen, die Signale unseres wahren Selbst zu erkennen und auf diese zu vertrauen. Dadurch können wir unser Leben authentischer und bewusster gestalten und die Entscheidungen treffen, die unseren Werten und Bedürfnissen entsprechen.

Obgleich die Reise der Selbsterkenntnis und die Suche nach innerer Führung einen kontinuierlichen Prozess darstellen mag, der sehr viel Zeit, Geduld, Übung, Achtsamkeit, Erforschen, Reflektieren und Wachsen erfordert, ist er notwendig, um uns selbst, unsere eigenen Gedanken, Gefühle, Stärken, Schwächen und unsere Motivation zu erkennen, besser zu verstehen, ein tieferes Verständnis für uns selbst zu erlangen, unsere Träume und Ziele zu verwirklichen und ein sinnerfülltes Leben führen zu können. Grundsätzlich gibt es unterschiedliche Methoden, Ansätze und Praktiken, die uns dabei auf unserem Weg unterstützen. Zunächst ist es wichtig, regelmäßig Zeit für sich selbst zu finden, um zur Ruhe kommen und Stille erleben zu können, denn in der Stille können wir nicht nur unsere innere Führung wahrnehmen, sondern auch besser mit unserem inneren Selbst in Kontakt treten. Dies kann entweder durch

Atemübungen, Visualisierungen (Kapitel „Das Workbook: Praktische Übungen mit Engelszahlen"), Meditationen (Kapitel „Meditationen und Rituale mit Engelszahlen") oder durch das Aufsuchen eines ruhigen Ortes geschehen.

Als ruhiger Ort eignet sich hierbei zum Beispiel ein Raum, in dem es keinerlei Ablenkungen und Störquellen gibt und in dem wir uns entspannen und zur Ruhe kommen. Dort können dann zunächst einige Atemübungen durchgeführt werden, während wir uns selbst die Fragen stellen, die uns beschäftigen. Die Antworten sollten wir dabei immer intuitiv auf uns zukommen lassen und sie weder erzwingen noch analysieren. Vielmehr geht es darum, auf unseren ersten Eindruck und unsere ersten Gefühle zu vertrauen und diese bewusst wahrzunehmen. Anschließend können wir unsere Empfindungen durch verschiedene Praktiken und Werkzeuge hinterfragen, in dem wir diese zum Beispiel in einem Tagebuch niederschreiben und reflektieren, was wir wahrgenommen haben und was wir nun unternehmen möchten.

Im Zuge dessen kann uns auch das Praktizieren von Achtsamkeit dazu verhelfen, dass wir uns über unsere Wahrnehmungen und inneren Zustände bewusster werden und dadurch unsere Intuition und inneren Impulse besser wahrnehmen und diesen vertrauen. Unser Körper ist ein wichtiger Kanal für unsere innere Führung, der Pflege, Gesundheit, Wohlbefinden, Bewegung und ausreichend Schlaf benötigt, um die Verbindung zur inneren Führung zu stärken.

Letztendlich benötigen spirituelles Wachstum und geistige Reife aber immer auch Vertrauen darin, dass wir die Antworten und die Führung in uns tragen und den Mut, um loszulassen, uns von äußeren Urteilen und Erwartungen zu lösen und uns auf unsere eigene Weisheit und Intuition zu verlassen. In jedem Fall dürfen wir darauf vertrauen, dass wir die richtigen Entscheidungen treffen und dass uns unsere innere Führung auf den richtigen Weg führt.

MANIFESTATION UND FOKUS

Engelszahlen können eine wundervolle und gleichzeitig kraftvolle Unterstützung sein, wenn es darum geht, Dinge in unserem Leben zu manifestieren, zu fokussieren und Absichten zu setzen. Sie tragen nicht nur eine besondere Energie, sondern enthalten auch eine außergewöhnliche Botschaft, die uns dabei helfen kann, unsere Ziele, Wünsche und Träume klarer zu definieren und diese wahr werden zu lassen.

Begegnen uns Engelszahlen in unserem Alltag, vor allem solche, die auf Manifestation und Fokus abzielen, sollten wir offen und aufmerksam sein und ihre Bedeutungen und Botschaften genau betrachten. Die Engelszahlen dienen nicht nur als Zeichen, sondern auch als Erinnerung daran, dass wir die Fähigkeit besitzen, unsere Realität ganz bewusst nach unseren Wünschen zu gestalten und unsere Träume zu manifestieren.

Im Kontext der Manifestation ist die Bedeutung des Fokus und der Ausrichtung eine der zentralsten Botschaften von Engelszahlen. Sie sind eine Erinnerung daran, dass wir unsere Gefühle, Gedanken und Handlungen bewusst auf all die Dinge ausrichten, die wir erschaffen möchten. Die Engelszahlen können uns im Zuge dessen dabei helfen, unser Energieniveau anzuheben, unseren Verstand zu klären und uns auf die positiven Aspekte unserer Ziele zu fokussieren.

Weiterhin dienen Engelszahlen, die auf Manifestationen und Absichten abzielen, aber auch dazu, dass wir unsere Glaubenssätze und Überzeugungen stärken. Sie ermutigen uns dazu, an uns selbst und unsere Fähigkeiten, Gaben und Talente zu glauben und unsere Träume wahr werden zu lassen. Außerdem erinnern sie uns daran, uns auf unsere Ressourcen und inneren Kräfte zu verlassen, um unsere Ziele Wirklichkeit werden zu lassen. Gleichzeitig zeigen sie uns aber auch die Bedeutung des Vertrauens und des Loslassens auf und spornen uns dazu an, uns Absichten zu setzen und darauf zu vertrauen, dass uns das

Universum auf unserem Weg unterstützt und uns die notwendigen Möglichkeiten bereitstellt.

Der Grundgedanke der Manifestation ist, dass man etwas, das man begehrt oder sich sehnlich wünscht, zu sich zieht, indem man aktiv und positiv darüber nachdenkt. Dabei ist es ganz egal, ob es sich um Liebe, Glück, Erfolg oder Wohlstand handelt – solange wir unsere Gedanken auf die Dinge ausrichten, die wir uns wünschen, werden sie früher oder später Wirklichkeit werden. Natürlich kann die Manifestation nicht alle wünschenswerten Dinge wahr werden lassen und Krankheiten und Kriege lassen sich zum Beispiel nicht einzig und allein durch positives Denken wegzaubern, jedoch kann positives Denken in der Tat eine Form von Magie sein, zu der jeder von uns jederzeit Zugang hat und die jeder von uns nutzen kann, um das Leben zu erschaffen, das wir uns erträumen und das wir verdienen.

Manifestieren in seiner einfachsten Form bedeutet, unsere Ambitionen und Ziele klar zu definieren und uns ihnen dann mit positiver Energie und positiven Gedanken zu widmen. Natürlich gibt es verschiedene Arten und Wege sowie individuelle Anleitungen, um zu manifestieren. Aus diesem Grund ist es wichtig, dass jeder von uns selbst herausfindet, was für uns funktioniert und was nicht, während wir uns dabei von unserer Intuition leiten lassen.

Wenn Sie die Manifestation für sich selbst ausprobieren möchten, können Sie zunächst damit beginnen, Ihr Traumleben bzw. das, was Sie sich in diesem Moment wünschen, zu visualisieren. Fokussieren Sie sich also erst einmal auf ein Ziel, das sich wie ein wichtiger und entscheidender Anfang für das Leben Ihrer Träume anfühlt. Anschließend können Sie Ihrem Ziel einen mentalen Raum widmen, in dem Sie diesem Ziel lediglich positive Gedanken schenken. Vermeiden Sie negative Gedanken, konzentrieren Sie sich vielmehr auf affirmative (bestätigende) Sätze (Kapitel „Positive Affirmationen“) und denken Sie in so einer Art und Weise an Ihr Ziel, als wenn es eine Selbstverständlichkeit wäre. Lösen Sie sich

von alten Denkmustern und Beschränkungen, lassen Sie jegliche Negativität außen vor und lassen Sie stattdessen positive Gedanken immer dann zu, wenn es Ihnen möglich ist.

Vielen Menschen hilft es außerdem, ihre Manifestation durch eine Meditation zu visualisieren (Kapitel „Tagesintention setzen“) und auf einem Stück Papier oder in einem Tagebuch niederzuschreiben, denn oftmals kann ein Gedanke, sobald man ihn physisch festhält, kraftvoller werden. Haben Sie Ihre persönliche Manifestationsroutine gefunden, gilt es, geduldig zu sein und auf die Möglichkeiten zu achten, die sich Ihnen bieten. Lehnen Sie keine Gelegenheiten, die Sie Ihren Zielen und Träumen näherbringen könnten, ab, seien Sie aufmerksam gegenüber den erstaunlichen Synchronizitäten in Ihrem Leben und seien Sie offen für all die Chancen, die sich Ihnen eröffnen.

Bedenken wir, dass uns unsere Engel Zeichen senden und uns Hilfe und Führung bieten, ist es nur wenig überraschend, dass sie auch als Manifestationsverstärker dienen können und deshalb in jedem Fall in unserer Reise zu einem erfüllteren und glücklicheren Leben eingebunden werden sollten.

Insbesondere die Engelszahlen 111 und 444 werden häufig mit der Manifestation unseres Traumlebens in Verbindung gebracht und können als Zeichen dafür verstanden werden, dass unsere Engel uns bei unserer Manifestation begleiten. Begegnen uns Engelszahlen, die uns bei unserer Manifestation und unserem Fokus helfen, sollten wir unsere Erfahrungen und Erlebnisse auf jeden Fall in einem Engelstagebuch (siehe Kapitel „Journaling mit Engelszahlen“) festhalten und darin sowohl die Interaktionen und Botschaften der Engel aufzeichnen als auch das festhalten, was wir manifestieren möchten. Außerdem warten unsere Engel nur darauf, dass wir sie gezielt um Hilfe bitten, wenn wir in unserem Leben entweder vor eine Herausforderung gestellt werden und Unterstützung benötigen oder falls wir eine Weisheit in einer bestimmten Angelegenheit benötigen.

DANKBARKEIT UND VERTRAUEN

Das Praktizieren von Dankbarkeit und Vertrauen im Kontext von Engelszahlen kann eine energetische, kraftvolle, heilende und transformative Praxis sein. Wenn wir Engelszahlen in unserem Leben bemerken, können wir ihr Auftreten als eine Gelegenheit nutzen, um unser Vertrauen in das Universum zu stärken und Dankbarkeit zu praktizieren. Tritt eine Engelszahl in unser Bewusstsein, sollten wir diese als Geschenk wahrnehmen und Dankbarkeit für ihre Botschaft verspüren. Dadurch sind wir nicht nur in der Lage, die Zeichen des Universums zu erkennen und auf unser Leben anzuwenden, sondern öffnen auch unser Herz und unsere Wahrnehmung für das Gute und die Fülle, die in unserem Leben vorhanden ist. Fokussieren wir uns auf unsere Dankbarkeit, ziehen wir automatisch mehr positive Energien in unserem Leben an.

Auf der anderen Seite ist es aber ebenso wichtig, Vertrauen zu entwickeln und daran zu glauben, dass uns das Universum auf unserem Lebensweg auf den richtigen Weg führt. Engelszahlen dienen uns dabei immer wieder als Erinnerung, dass wir Unterstützung von einer höheren Macht bekommen und dass alles in unserem Leben seinen Zweck hat und seinen Sinn erfüllt. Außerdem können wir all unsere Ängste und Zweifel loslassen, wenn wir in den Prozess des Lebens und die göttliche Ordnung vertrauen und uns auf all das Wunderbare konzentrieren, das in unserem Leben auf uns wartet.

Eine wundervolle und zugleich effektive Methode, um Engelszahlen dabei mit Dankbarkeit und Vertrauen zu verbinden, ist es, eine Dankbarkeitspraxis in unserem Alltag zu etablieren (siehe hierzu das Kapitel „Engelszahl Dankbarkeitsliste“). Dafür sollten wir uns regelmäßig Zeit nehmen, um uns in einer ruhigen Umgebung hinzusetzen und über die Engelszahlen, die in unserem Leben auftauchen, nachzudenken. Dabei ist es wichtig, Dankbarkeit für die Führung zu spüren, die wir durch die Engelszahlen selbst erhalten, und wir dürfen uns gleichzeitig darüber klar

werden, welche positiven Erfahrungen und möglichen Veränderungen sie in unser Leben gebracht haben. Um uns dessen bewusst zu werden, bietet es sich zudem an, ein Dankbarkeitstagebuch zu führen, in dem wir jeden Tag drei Dinge aufschreiben, für die wir dankbar sind. Bemerken wir Engelszahlen in unserem Alltag, bietet es sich außerdem an, auch niederzuschreiben, was wir in dem Moment gefühlt haben oder welche Einsichten wir durch diese gewonnen haben.

Wenn wir unser Herz öffnen und darauf vertrauen, dass uns das Universum auf unserem Weg führt und dass jede Engelszahl eine Botschaft für uns bereithält, können wir unsere Wahrnehmung für die kleinen Wunder in unserem Leben schärfen und unsere Verbindung zur spirituellen Welt vertiefen. Je mehr wir uns dabei mit Dankbarkeit und Vertrauen verbinden, umso stärker spüren wir die transformative Kraft der Engelszahlen und desto bewusster erleben wir ihre Botschaften.

Fokus: Engelszahlen für bestimmte Lebensbereiche

FAMILIE & ZUSAMMENHALT

Engelszahlen spielen eine entscheidende Rolle im Leben vieler Menschen und nehmen auch im Kontext der Familie und des familiären Zusammenhalts unter Umständen einen zentralen Stellenwert ein. So können Engelszahlen ein Zeichen dafür sein, die Harmonie und Liebe innerhalb der Familie zu pflegen. Gleichzeitig sind sie eine Erinnerung daran, dass wir einander mit Respekt und Unterstützung begegnen und eine liebevolle und friedvolle Atmosphäre in unserem Zuhause schaffen sollten, die es uns ermöglicht, uns frei zu entfalten. Außerdem können uns Engelszahlen bei der Kommunikation in unserer Familie unterstützen und uns helfen, ein tieferes Verständnis füreinander zu entwickeln. Sie laden uns dazu ein, unseren Gefühlen und Gedanken Ausdruck zu verleihen, aufmerksam zuzuhören und unsere Probleme und Konflikte respektvoll zu lösen.

Weiterhin sind Engelszahlen im Kontext der Familie eine Erinnerung daran, dass wir Zeit gemeinsam verbringen und Aktivitäten zusammen unternehmen sollten. Sie ermutigen uns dazu, qualitative und bewusste Momente mit unserer Familie zu schaffen und gemeinsame Erfah-

rungen zu sammeln, um die Bindung untereinander zu stärken. In schwierigen Zeiten rufen sie uns zu gegenseitiger Hilfe und zum Zusammenhalt auf und erinnern uns daran, dass wir eine Einheit sind, die wir durch Unterstützung und Solidarität stärken können. Auf der anderen Seite regen sie uns aber auch dazu an, uns als Individuen innerhalb des Systems Familie weiterzuentwickeln und unsere eigene Begabung sowie unsere Talente zu nutzen, um unseren Interessen und Zielen nachzugehen. Letztendlich sind Engelszahlen aber immer auch eine Erinnerung daran, dass wir für unsere Familie und die gemeinsamen Momente, die wir teilen, dankbar sein und die Wunder des Familienlebens schätzen sollten. Sie zeigen uns immer wieder auf, dass die Familie ein ganz besonderes Geschenk ist und wir jeden Augenblick gemeinsam genießen sollten.

Engelszahlen für die Familie und den Zusammenhalt

Die Engelszahl 44

Die Engelszahl 44 legt ihren Fokus auf die Stabilität und die Unterstützung innerhalb der Familie und der Gemeinschaft und regt Sie dazu an, sich um Ihre Familie zu kümmern und dieser eine stabile sowie solide Grundlage zu bieten. Sie erinnert Sie daran, dass Zusammenarbeit und Harmonie innerhalb der Familie wichtige Aspekte für Ihr individuelles Wachstum sind, und repräsentiert eine starke familiäre Bindung, die auf gegenseitigem Respekt, Vertrauen und bedingungsloser Liebe basiert. Darüber hinaus erinnert Sie die Engelszahl 44 daran, dass Sie selbst eine zentrale Schlüsselposition innerhalb Ihrer Familie einnehmen und der Fels in der Brandung für Ihre Liebsten sind, der ihnen Unterstützung und Stabilität bietet.

Die Engelszahl 66

Die Engelszahl 66 ist ein Symbol der Familie und der zwischenmenschlichen Beziehungen, die Sie dazu auffordert, den Wert Ihrer Familie zu erkennen. Sie regt Sie dazu an, sich zu bemühen, Ihre zwischenmenschlichen Probleme zu lösen und eine Verbindung zu Ihrer inneren Stimme herzustellen. Die Engelszahl 66 ermutigt Sie außerdem dazu, Ihr Herz zu öffnen und auf Ihre universelle Lebensenergie zurückzugreifen. Neben der Familie bezieht die Engelszahl 66 aber auch andere Beziehungen und Freundschaften ein und erinnert Sie daran, dass Sie Ihr Leben bewusst leben sollten und dass alles zu seiner Zeit geschieht.

Die Engelszahl 606

Die Engelszahl 606 ist ein Symbol für Gleichgewicht, Heilung, Liebe und die Familie, die Sie dazu inspiriert, Ihre Beziehungen zu pflegen und Ihre Angelegenheiten mit Familienmitgliedern und geliebten Menschen zum Wohle aller zu klären und zu lösen. Außerdem regt die Engelszahl 606 Sie dazu an, die Beziehungen und die Gesellschaft Ihrer Lieblingsmenschen zu genießen und Ihre Liebe bedingungslos und frei weiterzugeben.

Affirmationen, Reflexionen und Visualisierungen

Wenn eine bestimmte Engelszahl, die vor allem mit der Familie und dem familiären Zusammenhalt in Verbindung gebracht werden kann, wiederholt in Ihrem Alltag in Erscheinung tritt, sollten Sie sich die Zeit dafür nehmen, ihre Botschaft zu entschlüsseln. Um gleichzeitig eine tiefe Verbindung zu den Engeln herzustellen, ihre Energie zu verstärken und die Botschaften und Bedeutungen der Engelszahlen für Ihr Wesen und Ihr Leben nutzen zu können, bieten sich darüber hinaus positive Affirmationen, Reflexionen und Visualisierungen mit den Engelszahlen an. Suchen Sie sich dafür zunächst **positive Affirmationen** aus, die mit den Bot-

schaften und den Bedeutungen der Engelszahlen in Resonanz stehen. Grundsätzlich sind Affirmationen positive und bejahende Aussagen, die wir bewusst wiederholen, um unsere Gedanken, unsere Gefühle und unsere Verhaltensweisen positiv zu beeinflussen (siehe hierzu Kapitel „Positive Affirmationen“). Gerne können Sie die folgenden Affirmationen zu den im Vorfeld erläuterten Engelszahlen nutzen oder aber sich selbst an eigenen Formulierungen versuchen. Wiederholen Sie die Affirmationen regelmäßig, bewusst und überzeugt und spüren Sie dabei die wundervolle Energie, die Sie durchströmt:

Affirmationen für die Engelszahl 44:

- „In meiner Familie herrscht Harmonie und Stabilität."
- „Meine Familie unterstützt mich in guten und in schlechten Zeiten."
- „Ich bin dankbar für die starke familiäre Bindung, die ich zu meiner Familie habe."

Affirmationen für die Engelszahl 66:

- „Meine Familie entwickelt sich in Respekt und Liebe."
- „Ich wertschätze und ehre meine Familie."
- „Wir finden immer einen Weg, um zwischenmenschliche Probleme zu beseitigen."

Affirmationen für die Engelszahl 606:

- „Ich bin dankbar für das Gleichgewicht und die Harmonie, die in meiner Familie herrscht."
- „Meine Familie ist eine wundervolle Quelle gegenseitiger Unterstützung."
- „Meine Familie ist ein Ort der Liebe und des Gleichgewichts."

Anschließend bietet es sich an, dass Sie sich regelmäßig Zeit dafür nehmen, über die Botschaften der Engelszahlen zu reflektieren. **Reflexionen** sind bewusste, nachdenkliche Betrachtungen von Gedanken, Gefühlen, Erfahrungen oder Situationen. Sie setzen sich aus kritischen Reflexionen über vergangene Geschehnisse zusammen, aus denen Sie wiederum Erkenntnisse gewinnen und somit persönliches Wachstum fördern können. Als Reflexionsübung können Sie sich dabei entweder die Engelszahl vorstellen, mit der Sie eine Verbindung eingehen möchten, und sich dann selbst fragen, welche Botschaft und vor allem welche Bedeutung diese Zahl für Sie persönlich haben könnte. Halten Sie Ihre Eindrücke, Erkenntnisse und Wahrnehmungen der Reflexionsübung dann gerne in einem Engelszahlen-Journal (siehe hierzu Kapitel „Journaling mit Engelszahlen“) fest und nutzen Sie diese als Inspiration für Ihr spirituelles Wachstum und Ihre persönliche Weiterentwicklung. Alternativ können Sie aber auch die folgende Reflexionsübung zum Thema „Dankbarkeit für die Familie“ anwenden:

Begeben Sie sich zunächst an einen ruhigen und friedlichen Ort, atmen Sie einige Male tief ein und wieder aus und nehmen Sie sich genug Zeit, um über Ihre eigene Familie nachzudenken und die positiven Aspekte eines jeden Mitglieds und Ihrer Beziehungen untereinander zu würdigen. Nehmen Sie sich dafür ein Blatt Papier oder Ihr Engelszahlen-Journal zur Hand und schreiben Sie mindestens fünf Dinge auf, für die Sie in Ihrer Familie dankbar sind. Beziehen Sie dabei nicht nur individuelle Persönlichkeitsmerkmale ein, sondern betrachten Sie auch die Momente und Erfahrungen, die Sie gemeinsam gesammelt haben, sowie die Beziehungen und spezifischen Rollen, die Sie innerhalb Ihrer Familie schätzen. Nachdem Sie mindestens fünf Dinge niedergeschrieben haben, lesen Sie die Liste laut vor und achten dabei auf all die Dankbarkeit, die Sie in Ihrem Herzen spüren. Abschließend erlauben Sie dieser Energie, sich in

Ihrem gesamten Leben auszuweiten und eine tiefe Verbindung mit Ihrem familiären Zusammenhalt herzustellen.

Weiterhin können Sie gerne auch **Visualisierungen** nutzen, um die Energien der Engelsbotschaften in Ihrem Inneren zu verankern. Im Allgemeinen sind Visualisierungen mentale Vorstellungen bzw. Bilder, die wir in unserem Geist ganz bewusst erschaffen können. Dafür können Sie gerne Ihre eigene Visualisierung kreieren oder aber die folgende Visualisierung des harmonischen Miteinanders verwenden:

Stellen Sie sich zunächst vor, dass die Engelszahl ... (gerne können Sie sich hierfür eine Engelszahl für den Lebensbereich der Familie auswählen) in einem funkelnden, goldenen Licht vor Ihnen erstrahlt. Visualisieren Sie nun, wie diese Engelszahl die Aura von Einheit, Unterstützung, Vertrauen und Harmonie ausstrahlt. Anschließend stellen Sie sich vor Ihrem inneren Auge vor, wie Sie gemeinsam mit Ihrer Familie in Harmonie leben. Sie sehen sich selbst in einem liebevollen Dialog miteinander kommunizieren. Sie sehen, wie Sie Konflikte und Probleme friedlich gemeinsam lösen und sich gegenseitig unterstützen. Spüren Sie in diese tiefe Verbindung und den gegenseitigen Respekt hinein, der Sie in Ihrer Familie untereinander verbindet. Fühlen Sie die harmonische Energie in sich heransteigen, lassen Sie sie wachsen und binden Sie diese schließlich in Ihre familiären Beziehungen ein.

LIEBE & PARTNERSCHAFT

Engelszahlen sind wie himmlische Botschaften, die uns auch in den Lebensbereichen Liebe und Partnerschaft begleiten und uns auf vielfältige Weise helfen können. Wenn wir uns für ihre Anwesenheit öffnen und bewusst auf ihre Bedeutungen achten, können sie nicht nur unsere Beziehung stärken, sondern uns auch dabei helfen, eine tiefere Verbindung zu unserem Partner aufzubauen, sodass wir gemeinsam ein liebevolles und erfülltes Leben führen können.

Auf der einen Seite können Engelszahlen als Führung und Bestätigung für unsere Liebe und Partnerschaft dienen und uns entweder dazu ermutigen, einen anderen Weg einzuschlagen, oder uns darin bestätigen, dass wir auf dem richtigen Weg sind. Auf der anderen Seite können uns Engelszahlen aber auch dabei helfen, die Kommunikation innerhalb unserer Partnerschaft zu verbessern und dadurch ein tieferes Verständnis für unseren Partner zu entwickeln. Engelszahlen können als Ermutigung dazu dienen, einfühlsame und liebevolle Wege zu finden, um mit unserem Partner zu kommunizieren. Außerdem helfen sie uns, einander aufmerksamer zuzuhören und die Wünsche und Bedürfnisse des jeweils anderen besser zu verstehen.

Damit unterstützen uns Engelszahlen dabei, ein solides Fundament in unserer Partnerschaft aufzubauen und Vertrauen innerhalb der Beziehung zu entwickeln. Sie sind eine Erinnerung daran, dass wir unsere Bindung zu unserem Partner durch Verlässlichkeit, Geduld und Einsatzbereitschaft stärken können und dass Liebe und Fürsorge wichtige Grundpfeiler einer gesunden Beziehung sind. Zudem ermutigen sie uns dazu, füreinander zu sorgen, Zuneigung zu zeigen und unsere Liebe mit Unterstützung, Respekt und Großzügigkeit zu stärken.

Sie zeigen uns, dass wir uns gemeinsam mit unserem Partner weiterentwickeln können und Veränderungen gegenüber offen sein sollten, da diese natürliche Bestandteile jeder Partnerschaft sind. Im Zuge dessen

ermutigen uns Engelszahlen weiterhin dazu, neue Erfahrungen zu teilen und gemeinsame Wege zu gehen, um eine tiefere spirituelle Verbindung in unserer Partnerschaft finden zu können. Dadurch unterstützen sie uns dabei, gemeinsam als Paar zu wachsen und unsere Liebe und unser Verständnis füreinander auf eine höhere Ebene anzuheben.

Engelszahlen für die Liebe und die Partnerschaft

Die Engelszahlen 000 und 0000

Die Engelszahlen 000 und 0000 sind eine Art Umarmung, die Ihnen Ihre Engel senden, um Sie zu trösten, nachdem Sie schwierige und gefühlsintensive Momente in Ihrer Vergangenheit durchlebt haben. Sie weisen darauf hin, dass Sie die Chance bekommen, einen Menschen zu lieben, der bereit ist, Sie zu lieben, und dass Sie diese Beziehung viel glücklicher machen wird als Ihre letzte. Somit symbolisieren die Engelszahlen 000 und 0000 auf der einen Seite zwar einen Neuanfang, können auf der anderen Seite aber auch bedeuten, dass Sie einer alten Liebesverbindung noch einmal eine neue Chance geben sollten.

Die Engelszahl 6

Die Engelszahl 6 wird im Kontext der Liebe und der Partnerschaft oftmals als Zeichen für Harmonie, Gleichgewicht und bedingungslose Liebe betrachtet, die eine sanfte Energie in Ihre Beziehungen bringt und Sie daran erinnert, dass Sie Ihrem Partner immer auf Augenhöhe begegnen sollten. Außerdem kann die Engelszahl 6 eine Erinnerung daran sein, dass es wichtig ist, Liebe und Zuneigung durch Aufmerksamkeiten und kleine Gesten zum Ausdruck zu bringen.

Für Singles kann die Engelszahl 6 eine Aufforderung dazu sein, sich auf die eigenen familiären Beziehungen zu fokussieren und sich von seinem Herzen leiten zu lassen.

Die Engelszahlen 33 und 333

Die Engelszahlen 33 und 333 sind eine Aufforderung dazu, Ihr derzeitiges Liebesleben wertzuschätzen und Ihre individuellen Fähigkeiten zu nutzen, um Ihre Beziehung mit Freude und Liebe zu füllen. Sie zeigen Ihnen, dass Sie Ihre Zeit mit dem richtigen Menschen verbringen, sich die Magie zwischen Ihnen aber erst noch entfalten muss, um wundervolle Dinge in Ihrem Liebesleben zu erleben. Im Zuge dessen regen Sie die Engelszahlen 33 und 333 dazu an, dass Sie die Liebe zu Ihrem Partner vertiefen und einen neuen Schritt in der Beziehung wagen sollten. Sehen Sie diese Engelszahl jedoch am Anfang Ihrer Beziehung, bedeutet das, dass sich Ihre Engel über die Wahl Ihres Partners freuen.

Als Single weisen sie außerdem darauf hin, dass Sie Ihren Seelenverwandten in naher Zukunft treffen werden und offen und aufgeschlossen für eine neue und aufregende Liebe sein sollten.

Die Engelszahl 77

Die Bedeutung der Engelszahl 77 ist vor allem für Singles wichtig, da sie ein Zeichen der Engel dafür ist, auszugehen, Zeit mit anderen Menschen zu verbringen und einen Partner zu finden. Außerdem ermutigt Sie die Engelszahl 77 dazu, keine Angst davor zu haben, sich neu zu verlieben. Taucht die Engelszahl 77 jedoch auf, während Sie sich in einer Partnerschaft befinden, zeigt sie Ihnen einerseits auf, dass Ihre Beziehung gut läuft und mit Liebe, Frieden und Harmonie gefüllt ist. Andererseits erinnert sie Sie daran, dass Höhen und Tiefen in jeder Beziehung normal und dass Probleme temporär sind und auch wieder vorübergehen.

Die Engelszahl 222

Die Engelszahl 222 ist ein Zeichen für Vertrauen und Ausgeglichenheit in einer Partnerschaft, die Sie dazu ermutigt, Ihre Beziehung zu pflegen, gegenseitiges Vertrauen aufzubauen, Probleme zu lösen und das Feuer der Leidenschaft (wieder) zu entfachen. Sie erinnert Sie daran, Ihrem Partner die Liebe und Aufmerksamkeit zu schenken, die er verdient, und dass Sie sich bemühen sollten, seine Liebessprache zu verstehen und eine tiefere Verbindung zu ihm aufzubauen.

Sind Sie in Ihrer Beziehung allerdings nicht mehr glücklich, kann die Engelszahl 222 auch bedeuten, dass Sie Ihre Partnerschaft, zugunsten Ihres eigenen Seelenfriedens, beenden sollten.

Als Single kann die Engelszahl 222 darauf hinweisen, dass Sie Ihr Herz öffnen und somit empfänglicher für die Liebe sein sollten.

Die Engelszahl 711

Die Engelszahl 711 ist insbesondere für Singles von großer Bedeutung. Taucht diese Zahl wiederholt wieder in Ihrem Alltag auf, wollen die Engel Sie dazu auffordern, zuerst Ihr Leben in Ordnung zu bringen, bevor Sie sich auf eine neue Beziehung einlassen. Die Engelszahl 711 ist ein Hinweis darauf, dass Ihr zukünftiger Partner Menschen mag, die organisiert sind, wissen, was sie in ihrem Leben erreichen möchten, und ganz sie selbst sind.

Sehen Sie die Engelszahl 711 jedoch, wenn Sie in einer Beziehung sind, kann diese auf Liebesprobleme mit Ihrem Partner hindeuten, die gelöst werden sollten.

Die Engelszahl 888

Die Engelszahl 888 ist eine sehr spirituelle Zahl, die unabhängig von der eigenen Lebenssituation betrachtet werden kann und viele wundervolle Bedeutungen für die eigenen Gefühle enthält. Haben Sie zum Beispiel das Gefühl, Ihr Partner würde Sie nicht genug lieben, dann kann die

Engelszahl 888 symbolisieren, dass Sie sich keine Sorgen machen brauchen, da Ihre Probleme bald verschwinden und Sie Ihre Liebe wieder vollkommen genießen können. Außerdem zeigt die Engelszahl 888 auf, dass Ihre Engel Ihr Liebesleben verändern werden und beide Partner innerhalb der Beziehung die Macht haben, Dinge für sich selbst zu verbessern.

Die Engelszahl 909

Die Engelszahl 909 könnte darauf hindeuten, dass Ihr derzeitiges Liebesleben nicht optimal funktioniert. Gleichzeitig ist sie aber auch eine Ermutigung dazu, dass Sie die Liebe nicht erlöschen lassen sollten und dass sich Ihre Engel um Ihr Herz kümmern und die Dinge zu Ihren Gunsten regeln, wenn Sie bestrebt darin sind, Probleme zu beseitigen. Somit weist die Engelszahl 909 darauf hin, dass Ihr Liebesleben nur noch besser und stärker werden kann und dass Probleme dafür da sind, Ihnen wichtige Lektionen zu erteilen.

Als Single kann die Engelszahl 909 außerdem eine Botschaft der Hoffnung sein und Sie dazu ermutigen, die Liebe nicht aufzugeben, da Sie bald Ihren Seelenverwandten finden werden.

Affirmationen, Reflexionen und Visualisierungen

Neben dem Lebensbereich der Familie können bestimmte Engelszahlen auch immer wieder im Kontext der Liebe und der Partnerschaft in Ihrem Leben auftauchen. Seien Sie für die Botschaften, die Ihnen Ihre Himmelswesen überbringen möchten, offen und nehmen Sie sich die Zeit, um ihre Nachrichten zu entschlüsseln. Um gleichzeitig eine tiefe Verbindung zu den Engeln herstellen, ihre Energie verstärken und die Aussagen der Engelszahlen für Ihr Wesen und Ihr Leben nutzen zu können, bieten sich auch im Kontext der Liebe und der Partnerschaft positive Affirmationen, Reflexionen und Visualisierungen mit den Engelszahlen an.

Suchen Sie sich dafür wieder **positive Affirmationen** aus, die mit den Botschaften und den Bedeutungen der Engelszahlen in Resonanz stehen. Gerne können Sie dafür eigene Formulierungen nutzen oder sich an den folgenden Affirmationen zu den im Vorfeld erläuterten Engelszahlen orientieren. Wichtig ist nur, dass Sie die Affirmationen regelmäßig, bewusst und überzeugt aussprechen und dabei die wundervolle Energie spüren, die Sie durchströmt:

Affirmationen für die Engelszahlen 000 und 0000:

- „Ich lade bedingungslose Liebe in mein Leben ein."
- „Ich vertraue darauf, dass mir meine Engel und das Universum eine liebevolle, glückliche und erfüllende Beziehung schenken."
- „Ich bin dankbar für die Engel, die mich auf meinem Weg zu bedingungsloser und wahrer Liebe führen."

Affirmationen für die Engelszahl 6:

- „Ich ziehe eine harmonische Partnerschaft mit bedingungsloser Liebe in mein Leben."
- „Ich erkenne den Wert meines Partners und bin bereit, meine Partnerschaft zu stärken."
- „Ich schätze die tiefe Verbindung in meiner Partnerschaft."

Affirmationen für die Engelszahlen 33 und 333:

- „Ich bin bereit, gemeinsam mit meinem Partner zu wachsen."
- „Ich bin bereit, den nächsten Schritt in meiner Beziehung zu wagen."
- „Ich öffne mein Herz für eine neue Partnerschaft und für bedingungslose Liebe."

Affirmationen für die Engelszahl 77:

- „In meiner Partnerschaft herrscht Liebe und Harmonie."
- „Ich bin bereit dafür, mich neu zu verlieben."
- „Ich vertraue darauf, dass mich die Engel beim Lösen unserer Probleme unterstützen."

Affirmationen für die Engelszahl 222:

- „Ich bin dankbar dafür, dass es in meiner Beziehung Raum für Balance und Harmonie gibt."
- „Ich bin bereit dafür, gemeinsam mit meinem Partner ein leidenschaftliches Leben zu kreieren."
- „Ich erkenne und verstehe die Liebessprache meines Partners."

Affirmationen für die Engelszahl 711:

- „Ich vertraue darauf, dass mich die Engel in meinem Leben führen."
- „Ich bin bereit, gemeinsam mit meinem Partner an unseren Problemen zu arbeiten."
- „Ich folge meiner inneren Führung und habe Vertrauen darin, dass mir die Engel den richtigen Partner in mein Leben senden."

Affirmationen für die Engelszahl 888:

- „Ich öffne mich für die Fülle der Liebe."
- „Ich vertraue auf die Segnungen, die mir die Engel in mein Leben senden werden."
- „Ich erkenne die Schönheit meiner Beziehung und schätze sie Tag für Tag immer mehr."

Affirmationen für die Engelszahl 909:

- „Ich vertraue darauf, dass die Engel die Dinge zu meinen Gunsten regeln werden."
- „Mein Partner und ich wachsen gemeinsam an den Herausforderungen unserer Beziehung."
- „Ich öffne mein Herz für meinen Seelenverwandten."

Außerdem bietet es sich auch im Kontext der Liebe und der Partnerschaft an, sich regelmäßig Zeit dafür zu nehmen, um die Botschaften der Engelszahlen zu reflektieren. Als **Reflexionsübung** können Sie entweder wieder die Engelszahl visualisieren, mit der Sie eine Verbindung eingehen möchten, und sich dann selbst fragen, welche Botschaft und Bedeutung diese Zahl für Sie persönlich haben könnte, oder alternativ die folgende Reflexionsübung zum Thema „Heilung und Transformation der Beziehung" nutzen:

Begeben Sie sich zunächst an einen ruhigen und friedlichen Ort, atmen Sie einige Male tief ein und wieder aus und nehmen Sie sich genug Zeit, um über Ihre aktuellen Probleme und Herausforderungen in Ihrer Beziehung oder über vergangene Partnerschaften zu reflektieren. Gehen Sie dabei in sich und überlegen Sie einmal, ob es bestimmte Glaubenssätze, Muster oder Verhaltensweisen gibt, die Heilung und Transformation bedürfen, damit Sie eine tiefere und erfüllendere Liebe erleben können. Suchen Sie sich dafür eine Engelszahl aus, die für Sie persönlich Heilung und Transformation symbolisiert. Anschließend schreiben Sie einen Brief, zum Beispiel in Ihrem Engelszahlen-Journal, an sich selbst oder an Ihren aktuellen bzw. an einen vergangenen Partner. Schreiben Sie dort Ihre Wünsche, Erkenntnisse und Veränderungsabsichten nieder und lassen Sie die Energie der Engelszahl in Ihre Worte einfließen. Vertrauen Sie währenddessen darauf, dass Sie von den spirituellen Wesen auf Ihrem Weg zur Heilung und zur Transformation Führung erfahren.

Daneben können Sie gerne auch wieder **Visualisierungen** nutzen, um die Energien der Engelsbotschaften in Ihrem Inneren zu verankern. Entweder kreieren Sie dafür Ihre eigene Visualisierung oder Sie nutzen die folgende Visualisierung der Herzensverbindung:

Nehmen Sie für diese Visualisierung zunächst eine bequeme Position ein und schließen Sie Ihre Augen. Stellen Sie sich nun vor, wie sich Ihr Herz nach und nach mit leuchtender goldener Energie füllt. Spüren Sie die Liebe und die Wärme, die in Ihr Herz eindringt und sich dort ausbreitet. Atmen Sie tief ein und stellen Sie sich beim Ausatmen vor, wie sich ein sanftes Licht um Ihr Herz bildet. Rufen Sie nun eine Engelszahl, zum Beispiel die 888, in Ihr Bewusstsein und visualisieren Sie dabei, wie eine 888 aus goldenem Licht vor Ihnen schwebt. Visualisieren Sie nun, wie das Licht der Zahl mit dem Licht um Ihr Herz herum verschmilzt und sich beide Energien dadurch verstärken. Fühlen Sie, wie sich die Verbindung beider Lichter mit Fülle und bedingungsloser Liebe füllt. Nehmen Sie sich einen Moment Zeit, um die Positivität und die liebevolle Energie der Engelszahl in Ihrem Herzen zu spüren. Lassen Sie diese Energie anschließend in Ihre Beziehung einfließen.

BERUF & PERSÖNLICHE WEITERENTWICKLUNG

Im Beruf und bei unserer persönlichen Weiterentwicklung können uns Engelszahlen als Inspiration und Führung dienen, indem sie uns daran erinnern, dass uns spirituelle Führer und höhere Kräfte begleiten. Gleichzeitig dienen die Engelszahlen dabei als Unterstützung und Bestätigung für unsere beruflichen Vorhaben und Entscheidungen. Stehen wir in unserem Leben vor Herausforderungen oder verspüren Unsicherheit, zeigen uns die Engelszahlen außerdem auf, dass wir uns auf dem richtigen Weg befinden und unsere Fähigkeiten, Talente und Ressourcen dafür nutzen sollten, unser gesamtes Potential im Beruf zu entfalten. Außerdem machen Engelszahlen in unserem beruflichen Leben Chancen und Wachstumsmöglichkeiten für uns sichtbar und tragen damit direkt zu unserer persönlichen Weiterentwicklung bei. Sie können uns darauf hinweisen, wenn sich neue Türen öffnen, und uns den notwendigen Impuls dafür geben, uns Herausforderungen zu stellen, Chancen zu ergreifen, unsere Karriere voranzutreiben und persönlich zu wachsen.

Weiterhin dürfen Sie Engelszahlen als eine Ermutigung ansehen, uns selbst zu reflektieren und weiterzuentwickeln. Dafür können uns die Engelszahlen zum Beispiel verschiedene Bereiche unseres Alltags aufzeigen, in denen eine Verbesserung für uns möglich ist. Damit erinnern Sie uns zur selben Zeit daran, dass das persönliche Wachstum und die permanente Verbesserung wichtige und bedeutungsvolle Aspekte unseres beruflichen Lebens sind. Durch ihre spezifische Energie und Schwingung können uns Engelszahlen aber auch auf energetischer Ebene unterstützen, indem wir ihre Energie in unserem beruflichen Alltag nutzen, um unser Selbstvertrauen zu stärken, unsere Kreativität zu entfachen und unsere Motivation aufrechtzuerhalten. Dabei erinnern uns die Engelszahlen zugleich daran, dass wir auf unserem beruflichen Weg nicht alleine, sondern vielmehr von unterstützenden und liebevollen Kräften umgeben sind, die uns führen und uns ihre Hilfe anbieten.

Engelszahlen für den Beruf und die persönliche Weiterentwicklung

Die Engelszahl 411

Die Engelszahl 411 ist für das berufliche Leben und unsere Kommunikation von großer Bedeutung, da die Ziffernkombinationen vier und eins die Schwingungen von Erfolg, Entscheidungen und Geduld verstärken. Die Engelszahl 411 inspiriert Sie dazu, Ihr spirituelles Wachstum und Ihre persönliche Entwicklung voranzutreiben, Ihre Kommunikationsfähigkeiten zu nutzen und hart zu arbeiten, um im Beruf erfolgreich sein zu können. Außerdem zeigt sie Ihnen, dass Sie Ihre Ideen und Vorschläge effektiv und klar kommunizieren müssen, um im Beruf weiterzukommen.

Die Engelszahl 811

Engelszahl 811 ist ein positives Zeichen für Ihr berufliches Leben, das oftmals dann erscheint, wenn Sie entweder einen neuen Karriereweg erstreben oder sich gerade vor einer großen beruflichen Umstrukturierung befinden. Aus diesem Grund kann die Engelszahl 811 darauf hinweisen, dass Sie sich im Einklang mit Ihrer wahren Lebensaufgabe befinden und Ihre Karriere deshalb vorantreiben sollten.

Außerdem wird die Engelszahl 811 mit finanziellem Erfolg und Reichtum in Zusammenhang gebracht und inspiriert Sie somit dazu, an Ihre Begabungen zu glauben, Ihre Ziele zu manifestieren und mutig, euphorisch und bestrebt für Ihre beruflichen Vorhaben zu arbeiten. Sie symbolisiert Ihnen, dass Sie den richtigen Weg eingeschlagen haben und jedes Hindernis überwinden können, insofern Sie Ihr Schicksal selbst in die Hand nehmen und Ihr Leben auf einen lohnenden und erfolgreichen Karriereweg ausrichten.

Die Engelszahl 1001

Die Engelszahl 1001 ist ein Zeichen für Positivität, Ehrgeiz und Neuanfang, die eine Phase des Wachstums und der beruflichen Entwicklung symbolisiert. Sie beflügelt Sie dazu, neue Ideen anzunehmen, Ihre künstlerischen Gaben zu nutzen und sich an kreativen Projekten zu versuchen. Dabei unterstützt Sie die Engelszahl 1001 dabei, mit mutigen Schritten voranzuschreiten und positive Veränderungen in Ihr berufliches Umfeld zu bringen.

Angesichts beruflicher Herausforderungen ermutigt Sie die Engelszahl 1001 dazu, standhaft zu bleiben, eine positive Grundeinstellung beizubehalten, sich auf Ihre Pläne zu fokussieren und beim Treffen von Entscheidungen sowohl auf Ihre innere Weisheit als auch auf Ihre Führung zu vertrauen. Sie ist nicht nur ein Signal dafür, dass Sie sich beruflich in die richtige Richtung bewegen, sondern auch dafür, dass Sie sich persönlich weiterentwickeln und Ihrem Lebensziel näherkommen.

Die Engelszahl 1144

Die Engelszahl 1144 ist grundsätzlich eine positive Botschaft für den Beruf und die Karriere, da sie Erfolg, Führung und Ermächtigung unterstreicht. Sie zeigt Ihnen, dass Sie sich auf dem richtigen Weg befinden und dass dieser mit Ihrem wahren Ziel im Leben übereinstimmt. Außerdem erinnert sie Sie daran, Neuanfänge zu wagen und positive Gedanken zu pflegen, wenn Sie Ihre Komfortzone verlassen, neue Wege erkunden und kalkulierte Risiken eingehen, die schlussendlich zu Expansion und Wachstum führen werden. Zudem ermutigt Sie die Engelszahl 1144 dazu, Ihrer Intuition zu folgen, Entscheidungen aufgrund Ihrer inneren Weisheit zu treffen und sich der Leitung Ihrer spirituellen Führer hinzugeben.

Die Engelszahl 1212

Die Engelszahl 1212 deutet darauf hin, dass Sie bald mit einer neuen Chance in Ihrem Beruf gesegnet werden. Gleichzeitig kann Sie die Engelszahl 1212 dazu anregen, Ihre Talente zu verfeinern und Ihren Inspirationen bei der Suche nach Ihrer Lebensaufgabe zu folgen. Außerdem deutet die Engelszahl 1212 darauf hin, dass die Projekte, die Sie in naher Zukunft beginnen, etwas Großartiges in Ihrer Karriere bewirken werden.

Bringt Ihnen Ihr aktueller Beruf jedoch keinen Wohlstand und keine Freude, kann die Engelszahl 1212 eine Aufforderung dazu sein, Ihre Gaben anzunehmen und sich auf die Suche nach einer neuen Chance zu begeben, die Ihnen Glück bringen wird.

Affirmationen, Reflexionen und Visualisierungen

Engelszahlen tauchen nicht nur im Kontext der Familie, dem familiären Zusammenhalt und der Liebe sowie der Partnerschaft in Ihrem Leben auf, sondern werden Ihnen auch immer wieder im Zusammenhang mit Ihrem Beruf und Ihrer persönlichen Weiterentwicklung begegnen. Wenn Sie also Engelszahlen in Ihrem Leben bemerken, sollten Sie wieder offen für die Botschaften sein, die Ihnen Ihre Engel überbringen möchten, und sich die Zeit nehmen, um ihre Nachrichten zu entschlüsseln. Damit Sie zur selben Zeit wieder eine tiefe Verbindung zu den Engeln herstellen, ihre Energie verstärken und die Aussagen der Engelszahlen für Ihr Wesen und Ihr Leben nutzen können, empfehlen sich auch im Kontext des Berufes und der persönlichen Weiterentwicklung positive Affirmationen, Reflexionen und Visualisierungen mit den Engelszahlen. Wählen Sie sich zunächst wieder einige **positive Affirmationen**, die mit den Botschaften und den Bedeutungen der Engelszahlen in Resonanz stehen. Nutzen Sie dafür entweder eigene Formulierungen oder orientieren Sie sich an den folgenden Affirmationen zu den im Vorfeld erläuterten Engelszahlen. Sprechen Sie die Affirmationen regelmäßig, bewusst und überzeugt aus und spüren Sie dabei die wundervolle Energie, die Sie durchströmt:

Affirmationen für die Engelszahl 411:

- „Ich bin bereit, mein gesamtes Potential in meinem Beruf zu entfalten."
- „Ich erkenne, dass ich meine Ideen und Vorschläge effektiv und klar kommunizieren muss."
- „Ich bin bereit, hart zu arbeiten und in meinem Beruf weiterzukommen."

Affirmationen für die Engelszahl 811:

- „Ich erkenne meine Fähigkeiten und Talente und habe genügend Selbstvertrauen, um mich beruflichen Herausforderungen zu stellen."
- „Ich manifestiere finanziellen Erfolg und berufliche Fülle."
- „Ich ziehe positive Gelegenheiten in meinem Beruf an, um auf meinem Weg weiterzukommen."

Affirmationen für die Engelszahl 1001:

- „Ich nutze meine künstlerischen Gaben, um mich an kreativen Projekten zu versuchen."
- „Meine berufliche Reise ist von Positivität und Ehrgeiz geprägt."
- „Ich erkenne, dass ich der Schöpfer meiner eigenen beruflichen Realität und meiner persönlichen Weiterentwicklung bin."

Affirmationen für die Engelszahl 1144:

- „Ich bin bereit, meine Komfortzone zu verlassen, um mich auf neue Wege zu begeben."
- „Ich vertraue darauf, dass ich mich auf dem richtigen Weg befinde und dieser mit meinem Lebensziel übereinstimmt."
- „Ich vertraue darauf, dass meine Risiken in persönlichem Wachstum münden."

Affirmationen für die Engelszahl 1212:

- „Ich vertraue darauf, dass sich großartige Dinge in meinem Berufsleben ergeben."
- „Ich vertraue darauf, dass ich die richtigen Entscheidungen für mich selbst treffe."
- „Ich bin bereit, meine berufliche Situation zu verändern und neue Wege zu erkunden."

Neben den positiven Affirmationen bietet es sich erneut an, sich regelmäßig Zeit für die **Reflexion** der Botschaften der Engelszahlen zu nehmen. Dafür können Sie auch im Kontext Ihres Berufes sowie Ihrer persönlichen Weiterentwicklung entweder die Engelszahl visualisieren, mit der Sie eine Verbindung eingehen möchten, und dann die persönliche Botschaft und Bedeutung dieser Zahl hinterfragen oder alternativ die folgende Reflexionsübung zum Thema „Berufliche Zufriedenheit" nutzen:

Begeben Sie sich zunächst an einen ruhigen Ort und nehmen Sie eine bequeme Position ein, bevor Sie Ihre Augen schließen und einige Male tief ein- und wieder ausatmen. Stellen Sie sich nun vor, dass Sie sich beruflich genau dort befinden, wo Sie sein möchten. Sie fühlen sich glücklich, wertgeschätzt und zufrieden, wenn Sie auf der Arbeit sind. Nehmen Sie sich einen Augenblick lang Zeit, um dieses Bild des Glückes und der Zufriedenheit in Ihrem Geiste zu visualisieren und die Gefühle, die Sie damit verbinden, wahrzunehmen. Anschließend öffnen Sie Ihre Augen und achten bewusst auf all die Engelszahlen, die Ihnen in den nächsten Tagen begegnen. Notieren Sie diese Zahlen am besten in Ihrem Engelszahlenjournal. Nun gehen Sie davon aus, dass diese Engelszahlen Ihnen Botschaften über Ihren Weg zur beruflichen Zufriedenheit mitteilen möchten. Nehmen Sie sich deshalb Zeit dafür, über die symbolische Bedeutung dieser Zahlen nachzudenken, und versuchen Sie dabei, herauszufinden, inwiefern diese mit

Ihrem beruflichen Glück verbunden sein könnten. Notieren Sie Ihre Reflexionen und überlegen Sie sich, welche Schritte Sie nun machen sollten, um Ihren Zielen näherzukommen.

Im Anschluss können Sie gerne auch hier wieder **Visualisierungen** nutzen, um die Energien der Engelsbotschaften in Ihrem Inneren zu verankern. Dafür kreieren Sie entweder Ihre eigene Visualisierung oder Sie nutzen die folgende Visualisierung der Selbstentfaltung:

Suchen Sie sich zunächst einen ruhigen Ort, an dem Sie sich bequem hinsetzen und einige Male tief ein- und wieder ausatmen können. Visualisieren Sie nun, wie eine Engelszahl Ihrer Wahl, zum Beispiel die 1001, vor Ihnen schwebt. Diese Engelszahl ist ein Symbol der persönlichen Weiterentwicklung und der Selbstentfaltung. Visualisieren Sie sich selbst in einem Zustand der beruflichen und persönlichen Entfaltung sowie des Wachstums. Stellen Sie sich vor, wie Sie sich permanent weiterentwickeln, neue Fähigkeiten lernen und Ihre Talente kontinuierlich entfalten. Spüren Sie die Freude, die Positivität und das Potential, das die Engelszahl in Ihnen erweckt, und lassen Sie ihre Energie durch Ihren gesamten Körper fließen.

Meditationen und Rituale mit Engelszahlen

TAGESINTENTION SETZEN

Das Setzen von Tagesintentionen ist eine wundervolle Möglichkeit, um den Tag zielgerichtet und bewusst zu beginnen. Es ermöglicht uns, unsere Energie und unsere Aufmerksamkeit ganz bewusst auf die Dinge zu lenken, die wir an diesem Tag manifestieren und erreichen möchten.

Grundsätzlich sind Intentionen Absichten, Visionen oder Zielsetzungen, die wir bewusst setzen und damit in unser Leben integrieren können. Sie sind die Summe unserer Überzeugungen und inneren Ausrichtungen, von denen wir uns leiten lassen und die unsere Erfahrungen, Entscheidungen und Handlungen beeinflussen. Indem wir eine klare Absicht setzen, geben wir nicht nur unserem Geist, sondern auch unserem Unterbewusstsein sowie dem Universum eine eindeutige Richtung vor, um uns bei der Erfüllung unserer Visionen zu leiten.

Beim Setzen von Intentionen ist jedoch nicht nur das Ergebnis wichtig, sondern bereits der Weg dorthin und damit unser Leben in jedem einzelnen Augenblick. Setzen wir uns ein Ziel und haben dabei von Beginn an nur das endgültige Ergebnis im Sinn, verpassen wir oftmals den Augenblick, in dem wir uns gerade befinden, und erschaffen somit eine Lücke zwischen all dem, was wir erfahren möchten, und all dem, was wir erfahren können. Damit ist eine Intention ein direkter Appell an uns selbst, unser eigenes Leben nach unseren Wünschen zu gestalten.

Intentionen entspringen unserem Herzen. Sie sind mit unseren Gefühlen und Werten verknüpft und ergeben sich zumeist intuitiv. Wenn Sie nun eine Intention setzen möchten, ist es wichtig, dass Sie dabei beabsichtigen, eine Ihrer Visionen zu verwirklichen. Anstatt nur vage in Gedanken zu schweben und sich etwas zu wünschen, müssen Sie absichtsvoll und konkret werden, sodass Sie auf Ihr Ziel hinarbeiten können. Das Setzen klarer Absichten fordert Sie dazu auf, Ihre angestrebten Visionen direkt zu betrachten und die Entscheidungen zu treffen und die Handlungen zu vollziehen, die Sie an Ihr Ziel bringen. Möchten Sie also eine Intention setzen, müssen Sie dafür zum zielstrebigen Akteur Ihres eigenen Lebens werden, anstatt nur untätig darauf zu hoffen, dass Sie Ihr Ziel von ganz alleine erreichen werden.

Doch wie finden Sie nun Ihre eigene Intention? Nehmen Sie sich dafür zunächst einen ruhigen Moment für sich selbst. Gerne können Sie zur Einstimmung ein ruhiges Lied oder ein kurzes Mantra hören, um Ihren Geist und Ihre Gedanken zu beruhigen. Schließen Sie Ihre Augen und erinnern Sie sich an einen Moment in Ihrem Leben zurück, in dem Sie wirklich von Herzen glücklich waren. Vielleicht erinnern Sie sich an einen oder mehrere Augenblicke, in denen Sie das wundervolle Gefühl unbeschreiblicher Freude und Leichtigkeit gespürt haben. Ein Augenblick, der Ihnen das Gefühl gegeben hat, dass alles in Ihrem Leben genau richtig ist, so wie es ist. Ein Augenblick, in dem Sie sich vollkommen mit sich selbst verbunden gefühlt haben. Das ist genau der Zustand, in dem Sie

sich jederzeit befinden sollten: ausgeglichen, zufrieden, mit Liebe und Freude gefüllt und eng mit Ihnen selbst verbunden.
Wenn Sie nun an genau dieses Gefühl denken, setzen Sie sich auch genau dieses Gefühl als Intention und formulieren es als positiven und klaren Satz, wie zum Beispiel:

- „Mein Geist ist neugierig und für neue Dinge offen."
- „Ich bin glücklich und fühle mich vollkommen geborgen."
- „Ich bin mutig und werde heute über mich hinauswachsen."

Tagesintentionen sind also ein kraftvolles Werkzeug, um den Tag positiv und bewusst zu gestalten. Eine weitere inspirierende und wundervolle Komponente in diesem Prozess ist die Verbindung von Tagesintentionen und Engelszahlen. Indem Sie Ihre Intentionen und Gedanken auf die positive Energie und die Führung, die Ihnen die Engelszahlen vermitteln, ausrichten, können die Engelszahlen Ihnen dabei helfen, Ihre Tagesintentionen sowie die positive Ausrichtung Ihrer Gedanken zu verstärken und Ihre Absichten zu unterstützen. Dadurch ermöglicht Ihnen die Kombination von Tagesintentionen und Engelszahlen, Ihren Tag fokussierter und bewusster zu durchleben und Ihre Intentionen aus einer größeren spirituellen Sichtweise zu betrachten, während Sie sich dabei von der liebevollen Präsenz der Engel leiten lassen.

Im Allgemeinen gibt es unterschiedliche Wege, wie Sie Tagesintentionen mit Engelszahlen nutzen können, um Ihre Energie und Ihre Aufmerksamkeit bewusst auf Ihre Wünsche und Ziele auszurichten. In der Regel beginnt die Verbindung Ihrer Tagesintentionen mit Engelszahlen immer mit der Achtsamkeitspraxis, da Sie sich nur dann für die Zeichen des Universums öffnen können, wenn Sie Ihren Fokus auf die Engelszahlen lenken, die Ihnen begegnen. Notieren Sie die wiederkehrenden Engelszahlen und erforschen Sie ihre symbolische Bedeutung, um Ihre Intentionen bewusst zu setzen.

Wenn Sie Ihre Intentionen für den Tag setzen und formulieren, können Sie dafür die Bedeutung der Engelszahlen in Ihre Visionen einbeziehen und ihre symbolischen Botschaften nutzen, um Ihre Intentionen zu verstärken.

Die Engelszahl 111 ist zum Beispiel ein Zeichen für Neuanfänge und Manifestationen, mit denen Sie Ihre Intentionen darauf ausrichten können, neue Möglichkeiten anzunehmen und Ihre Ziele wahr werden zu lassen.

Um die Verbindung zwischen den Engelszahlen und Ihren Tagesintentionen noch weiter zu vertiefen, können Sie sich zusätzlich, zum Beispiel durch Meditation oder Visualisierung, mit der Führung der Engel und ihren Energien verbinden.

Die **Meditation** ist eine bewusste Praxis, die Ihnen hilft, den gegenwärtigen Moment wahrzunehmen, Ihren Geist zur Ruhe zu bringen und dadurch innere Stille und tiefe Entspannung zu erreichen. Im Gegensatz dazu ist die **Visualisierung** eine mentale Technik, bei der Sie sich etwas bildlich vorstellen, um ein erwünschtes Ziel, eine Situation oder eine Erfahrung zu manifestieren.

Nehmen Sie sich einfach einige Minuten Zeit, um zu meditieren und sich auf Ihre Absichten zu konzentrieren. Während der Meditation stellen Sie sich dann vor, dass Sie von der liebevollen Präsenz der Engel umgeben sind und ihre Führung bei der Manifestation Ihrer Absichten empfangen. Außerdem können Sie entweder eine Engelszahl Ihrer Wahl, zum Beispiel die 111, oder eine Engelszahl, die Sie in letzter Zeit häufig gesehen haben, auswählen, sich während des Meditierens auf diese Zahl konzentrieren und dabei visualisieren, wie Sie sich in Ihrem Leben manifestiert.

Audiodatei 1

Meditation

zur Visualisierung eines Engels und zur Manifestation einer Engelszahl

Suchen Sie sich zunächst einen ruhigen Ort, an dem Sie für die nächsten 15 bis 20 Minuten ungestört sind. Nehmen Sie auf einem Stuhl oder Ihrer Yogamatte eine bequeme Sitzposition ein, schließen Sie Ihre Augen und atmen Sie in Ihrem Tempo tief ein und aus ... Führen Sie eine gesunde Bauchatmung durch, indem sich Ihre Bauchdecke beim Einatmen hebt und beim Ausatmen wieder senkt. Berühren Sie währenddessen mit Ihren Händen Ihren Bauch und erleben Sie das Auf und Ab ganz bewusst. Es schenkt Ihnen Ruhe und Geborgenheit ...

Legen Sie nun Ihre Hände entspannt und locker auf Ihre Oberschenkel. Wenn Sie mögen, richten Sie Ihre Handflächen dabei nach oben, um den Energiefluss noch zu erhöhen. Atmen Sie lang und tief durch die Nase ein und lassen Sie den Atem durch Ihren leicht geöffneten Mund wieder herausströmen ... Spüren Sie, wie Sie beim Einatmen positive Lebensenergien in sich aufnehmen, und erlauben Sie sich, beim Ausatmen jegliche Anspannung und aufkommende Gedanken loszulassen. Sollten Ihre Gedanken abschweifen, so lenken Sie Ihre Aufmerksamkeit sanft wieder auf Ihren Atem zurück. Wiederholen Sie diese Atemtechnik einige Male und kehren Sie dann wieder zu Ihrem natürlichen Atemrhythmus zurück ...

Erlauben Sie sich, zur Ruhe zu kommen und jegliche Belastung loszulassen. Seien Sie einfach im Hier und Jetzt, genießen Sie die beruhigende Stille, die Sie umgibt, und kommen Sie ganz bewusst bei sich selbst an. Entspannen Sie sich und lassen Sie sich einfach fallen. Sie sind in diesem Moment vollkommen behütet und geborgen.

Nehmen Sie Ihre Füße wahr, wie sie den Boden berühren und Sie vollständig erden. Lassen Sie durch Ihre Fußsohlen alles abfließen, was

Sie bisher vielleicht noch belastet. Vielleicht nehmen Sie ein leichtes Kribbeln wahr. Möglicherweise sind Ihre Füße kalt oder warm? Alles ist genau richtig. Atmen Sie einfach wieder tief durch die Nase ein ... und durch den Mund wieder aus und spüren Sie, wie Ihr Körper mit jedem Atemzug immer lockerer und weicher wird und sich jede Anspannung löst ...

Legen Sie nun Ihre Aufmerksamkeit auf Ihre Waden, die Knie, die Oberschenkel und auf Ihr Gesäß und spüren Sie den Untergrund, auf dem Sie sitzen und der Sie liebevoll trägt.

Wandern Sie weiter mit Ihrer Aufmerksamkeit zu Ihrem Rücken und den Schultern, dem Bauch und Ihrem Herzraum, der sich nun mit jedem Atemzug immer mehr öffnet und mit strahlendem Licht erfüllt. Mit jedem Einatmen nehmen Sie all die bedingungslose Liebe in sich auf, die Sie umgibt, und mit jedem Ausatmen lassen Sie von all der Schwere, all der Last los, die vielleicht noch an Ihnen haftet. Atmen Sie tief ein ... und wieder aus ...

Lenken Sie nun Ihre Aufmerksamkeit auf Ihre Arme, Hände und Fingerspitzen. Was nehmen Sie wahr? Spüren Sie womöglich einen zarten Energiestrom, der durch Ihren ganzen Körper fließt und Sie sanft mit heilendem, warmem Licht erfüllt?

Wandern Sie gedanklich zurück zu Ihrem Herzen, dem Nacken und weiter zu Ihrem Kopf und spüren Sie nach, wie er sich gerade anfühlt. Tauchen Gedanken auf, so erlauben Sie sich, diese zu einem späteren Zeitpunkt weiter zu denken, denn dieser Augenblick gehört allein nur Ihnen ... Und Ihre Gedanken ziehen wie kleine weiße Wölkchen am strahlend blauen Himmel dahin ... Atmen Sie wieder tief ein ... und aus ...

Stellen Sie sich nun vor, dass Sie auf einer grünen Wiese oder auf weichem Moos sitzen. Um Sie herum ist die Luft herrlich klar, die Sonne wärmt angenehm Ihr Gesicht, der Wind streicht sanft über Ihre Wangen und vielleicht hören Sie sogar ein paar Vögel zwitschern ... Stehen Sie gedanklich auf und erkunden Sie ein wenig die Landschaft, in der Sie sich

gerade befinden und in der Sie sich rundherum wohlfühlen ... Vielleicht sind Sie barfuß und spüren sogar den Untergrund unter Ihren Füßen ... Nehmen Sie alles bewusst wahr und öffnen Sie sich für die Wunder, die das Leben für Sie bereithält.

In einiger Entfernung entdecken Sie einen großen Baum und Sie gehen langsam mit offenem Herzen auf ihn zu. Hinter dem starken Baumstamm tritt auf einmal eine zauberhafte Gestalt hervor: Ihr Schutzengel!

Sie begrüßen sich voller Liebe und Respekt und gehen nun gemeinsam weiter durch die magische Landschaft, deren Düfte und Farben Sie angenehm umgibt. Wenn Sie mögen, können Sie Ihren Schutzengel nach seinem Namen fragen ...

Nun können Sie Ihren Schutzengel bitten, Ihnen mitzuteilen, welche Engelszahl heute und in der nächsten Zeit für Sie besonders wichtig sein kann, oder Sie bitten ihn, Sie bei der Manifestation der für Sie wichtigen Engelszahl zu unterstützen, die Sie in letzter Zeit häufig gesehen haben. In jedem Fall wird Ihr Engel Sie gern beim Visualisieren und Integrieren in Ihrem Leben unterstützen.

Sollten Sie die Antworten Ihres Engels nicht sofort „hören“, so wurden diese Ihnen dennoch übermittelt. Spüren Sie einfach in Ihr Herz und erkennen Sie, welche Zahl bzw. welche Antwort in Ihnen hochkommt. Nehmen Sie sich dabei so viel Zeit, wie Sie mögen, und haben Sie Geduld mit sich. Manchmal erreicht Sie die Antwort auch erst ein wenig später, wenn Sie bereits aus der Meditation wieder heraus sind, oder sogar erst in der darauffolgenden Nacht. Was auch immer gerade passiert, es geschieht in Ihrem Tempo.

Welche Engelszahl auch zu Ihnen kommen mag, Sie müssen nicht sofort wissen, was diese letztendlich für Sie bedeutet. Nehmen Sie sie einfach im Herzen an und seien Sie sich sicher, dass Sie ihre Bedeutung schon sehr bald erfahren und erleben werden. Atmen Sie nun noch einmal tief ein ... und wieder aus ...

Sollten Sie sofort Zugang zu Ihrer jetzt gültigen Engelszahl haben, so bitten Sie Ihren Schutzengel nun darum, Ihnen bei der Manifestation dieser Zahl in Ihrem Leben behilflich zu sein. Ihr Engel wird Ihnen von Herzen gern die notwendige Unterstützung angedeihen lassen, damit Sie diese Zahl vor Ihrem inneren Auge besser visualisieren und somit in Ihrem Leben manifestieren können.

Erreicht Sie Ihre nun gültige Engelszahl erst einige Stunden später, so seien Sie sich gewiss, dass Ihr Schutzengel stets an Ihrer Seite ist und Sie zu jeder Zeit – auch außerhalb dieser Meditation – liebevoll unterstützen wird.

In jedem Fall ist nun der Augenblick gekommen, sich bei Ihrem Schutzengel zu bedanken. Nehmen Sie dabei wahr, wie Sie sich in seiner Gegenwart fühlen, und spüren Sie die bedingungslose Liebe und Wertschätzung, die Ihnen zuteilwird ...

Während das Bild von Ihrem Engel vor Ihrem inneren Auge langsam verblasst, setzen Sie sich wieder zurück in das weiche Gras und spüren all dem Erlebten noch einmal bewusst nach ...

Lenken Sie nun Ihre Aufmerksamkeit wieder langsam zurück in Ihren Körper und spüren Sie die Unterlage, auf der Sie sitzen. Nehmen Sie Ihre Gliedmaßen wahr, spüren Sie Ihrem Herzschlag nach und schenken Sie sich – dankbar für die eben gemachte Erfahrung – Ihr schönstes Lächeln ...

Bewegen Sie jetzt langsam Ihre Füße und Finger, nehmen Sie noch ein paar tiefe Atemzüge, öffnen Sie die Augen und kommen Sie dann in Ihrem Tempo frisch erholt in Ihren herrlichen Tag!

Seien Sie neugierig, auf welch wundersame Weisen Ihnen die Engelszahl in den nächsten Tagen begegnen wird, und notieren Sie sich die besagten Momente vielleicht ebenfalls in Ihrem Engelszahlenjournal. Nehmen Sie sich die Zeit, ihre symbolische Bedeutung zu erkennen, zu verstehen und in Ihr wundervolles Leben zu integrieren.

JOURNALING MIT ENGELSZAHLEN

Das Journaling mit Engelszahlen ist eine kraftvolle spirituelle Praxis, bei der wir unsere Gedanken, Gefühle, Erfahrungen und Reflexionen mit den wiederkehrenden Zahlenmustern niederschreiben und erforschen können. Außerdem hilft uns das Journaling mit Engelszahlen, eine tiefere Verbindung mit der spirituellen Welt einzugehen und unsere persönliche Entwicklung voranzutreiben. Das Journaling unterstützt uns dabei, die Botschaften der Engelszahlen zu entschlüsseln, unsere magischen Erlebnisse mit den Engeln festzuhalten und unsere spirituelle Reise zu dokumentieren.

Bevor Sie mit dem Journaling mit Engelszahlen beginnen, ist es zunächst wichtig, dass Sie aufmerksam, offen und achtsam für die Engelszahlen sind, die Ihnen in Ihrem Leben begegnen. Nehmen Sie sich ein leeres Buch zur Hand, das Sie in Ihr persönliches Engelszahlenjournal verwandeln möchten, und notieren Sie dort alle Zahlen und Zahlenfolgen, die Ihre Aufmerksamkeit erregen und die bei Ihnen im Gedächtnis bleiben – das können Uhrzeiten, Zahlen auf Rechnungen, Nummernschildern, Busnummern oder Zahlen an anderen Orten sein, die Ihnen auffallen. Achten Sie darüber hinaus aber auch auf mögliche Signale und Zeichen, die Ihre Engel aussenden könnten, wie zum Beispiel leichte Klänge, Düfte ohne klar erkennbare Quellen, Federn an seltsamen Stellen, die Wiederholung eines Namens, einzigartige Lichtpfade zu unerwarteten Uhrzeiten, flackernde Kerzen oder sich wiederholende Träume.

Anschließend recherchieren Sie dann die symbolischen Bedeutungen der Engelszahlen, die bei Ihnen einen Eindruck hinterlassen haben. Nutzen Sie dafür am besten dieses Buch, da es Ihnen hilft, die Bedeutungen und Botschaften hinter den Zahlen zu verstehen. Vergessen Sie jedoch nicht, dass die Botschaften der Engelszahlen immer auch in einem individuellen Kontext betrachtet werden sollten und die Bedeutung der Zahlen deshalb von Mensch zu Mensch unterschiedlich sein kann.

Vertrauen Sie bei der Interpretation und Entschlüsselung daher immer Ihrer eigenen Intuition und interpretieren Sie die Nachrichten auf Ihre eigene Art und Weise. Denken Sie zum Beispiel darüber nach, inwiefern die Engelszahlen mit den Projekten, Aufgaben, Zielen, Träumen und Herausforderungen in Ihrem Leben in Verbindung stehen könnten. Halten Sie Ihre Überlegungen und Gedanken im Anschluss schriftlich fest und überlegen Sie sich, wie Sie die Botschaften der Engel in Ihr Leben integrieren und was Sie tun können, um das gesamte Potential der Engelszahlen für sich zu nutzen.

Nehmen Sie sich regelmäßig Zeit dafür, sich hinzusetzen und Ihre Erfahrungen und Erlebnisse mit den Engelszahlen in Ihrem Journal niederzuschreiben. Beziehen Sie dafür auch die Begegnungen mit Engelszahlen in Träumen sowie das Erscheinen der Zahlen in anderen Praktiken, wie der Meditation, der Reflexion oder der Visualisierung, ein. Notieren Sie dafür jedes Mal das aktuelle Datum und den Ort auf einer neuen Seite sowie die Engelszahl, die Ihnen begegnet. Nutzen Sie dafür gerne verschiedene Überschriften, z. B. „Engelszahlen“, „Zeichen“ oder „Gefühlstracker“.

Gestalten und verzieren Sie Ihr Engelszahlentagebuch nach Ihren Wünschen und Vorstellungen. Lassen Sie Ihrer Kreativität freien Lauf und gestalten Sie es ganz im Sinne Ihrer Verbindung zu den Engeln. Arbeiten Sie verschiedene Dinge – wie Federn, Spitzen oder Bänder – ein und bekleben Sie die Außen- und Innenseite des Einbandes mit spiritueller Kunst. Befestigen Sie Quasten und gestalten Sie ein Emblem mit Wachs auf der Vorderseite. Bringen Sie ein Schloss an und legen Sie ein Lesezeichen zwischen die Seiten oder halten Sie Ihr Journal klassisch und schlicht.

Ihre Tagebuchseiten werden dann im Laufe der Zeit zu einer Sammlung von Aufzeichnungen von Zeichen, Signalen und Gefühlen, die Sie nicht nur ständig aktualisieren, sondern auf die Sie auch permanent zurückgreifen können. Begegnen Ihnen immer wieder dieselben Zahlen

und Signale und stimmen die Orte und die Details überein, können Sie daraus sogar ein Muster ableiten, wie die Engel mit Ihnen in Verbindung treten, und zukünftig bewusster auf diese Zeichen achten.

Im Anschluss reflektieren Sie dann Ihre Gedanken, Emotionen und Eindrücke, die Ihnen die Engelszahlen vermitteln. Schreiben Sie dafür all das auf, was Sie in diesem Moment fühlen und welche Aspekte der Zahlenfolge Ihr Wesen angesprochen haben.

Gerne können Sie sich an dieser Stelle schon erste Notizen machen, falls Sie sich noch kein Engelszahlenjournal angeschafft haben, Ihnen aber schon Engelszahlen begegnet sind.

Nutzen Sie Ihr Engelszahlenjournal regelmäßig und halten Sie dort Ihre Entwicklungen und Ihren Fortschritt fest. Schreiben Sie auf, inwiefern sich Ihr Bewusstsein und Ihre Wahrnehmung durch das Journaling mit den Angel Numbers verändert haben. Überlegen Sie, welche Erkenntnisse Sie in Bezug auf Ihre persönliche Weiterentwicklung und welche Veränderungen Sie bezüglich Ihres spirituellen Wachstums erleben konnten.

Engelszahlenjournal

Datum:

Ort:

Engelszahlen:

Zeichen:

Gefühlstracker:

Notizen:

POSITIVE AFFIRMATIONEN

Positive Affirmationen in Verbindung mit Engelszahlen sind ein kraftvolles und spirituelles Werkzeug, mit dem wir einerseits eine tiefere Verbindung zur Spiritualität eingehen können und das uns andererseits dabei helfen kann, positive Veränderungen in unserem Leben herbeizuführen. Die Kombination von Affirmationen und Engelszahlen kann uns dabei unterstützen, uns auf die positive Führung und die Energien des Universums auszurichten und unsere Intentionen zu verstärken.

Grundsätzlich sind Affirmationen bejahende und positive Aussagen, mit denen wir unser Denken und unsere Verhaltensweisen beeinflussen können. Wir können sie verwenden, um eine positive innere Einstellung und positive Überzeugungen zu entwickeln und diese zu stärken. Dabei kann die regelmäßige und bewusste Wiederholung positiver Affirmationen dazu führen, dass wir negative Glaubenssätze und Denkmuster schrittweise verändern.

Wenn Sie die wiederkehrenden Zahlenfolgen und Muster in Ihrem Leben als Affirmationen nutzen möchten, um damit Positivität in Ihr Leben zu ziehen, sollten Sie zunächst ein grundlegendes Bewusstsein für Engelszahlen entwickeln. Achten Sie auf die Engelszahlen, die Ihnen in Ihrem Alltag begegnen, und seien Sie aufmerksam und offen für die Zeichen, die Ihnen die geistige Welt sendet. Lernen Sie, zu verstehen, welche Verbindung sich hinter den Engelszahlen verbirgt, und folgen Sie Ihrer Intuition bei der Entschlüsselung ihrer Botschaften.

Begegnen Ihnen immer wieder dieselben Engelszahlen, nehmen Sie die Bedeutung jeder einzelnen Zahl und formulieren damit eine positive Affirmation, die mit der Engelszahl in Resonanz steht. In dem an dieses Kapitel anknüpfende Workbook findet sich eine umfassende Liste zu den Engelszahlen von 0 bis 999 wieder, in denen Sie die Bedeutung der

einzelnen Zahlen kennenlernen und dadurch Ihre eigenen positiven Affirmationen formulieren können. Als Anregung und Inspiration finden Sie im Folgenden einige Affirmationen, die mit verschiedenen Engelszahlen in Verbindung stehen:

- **Engelszahl 111: „Ich lebe im Einklang mit dem Universum und vertraue auf meine innere Führung."**
- **Engelszahl 222: „Ich öffne mein Herz für eine liebevolle und glückliche Partnerschaft und strahle Frieden, Harmonie und Liebe aus."**
- **Engelszahl 333: „Ich vertraue meiner Intuition und bin von der Unterstützung und Führung der Engel umgeben."**
- **Engelszahl 444: „Ich fühle mich sicher und geborgen."**
- **Engelszahl 555: „Ich heiße Veränderungen willkommen und bin bereit, alte Muster loszulassen und mich für persönliches Wachstum zu öffnen."**

Haben Sie Ihre positiven Affirmationen gefunden, die für Sie stimmig sind, können Sie diese weiterhin an Ihre persönlichen Bedürfnisse, Wünsche, Träume und Vorlieben anpassen. Anschließend nehmen Sie sich jeden Tag Zeit, um Ihre Affirmationen bewusst zu wiederholen und die positiven Energien und Ihre Verbindung zu den Engelszahlen damit zu stärken. Während Sie Ihre Affirmationen laut oder leise aussprechen, bietet es sich zudem an, zu visualisieren, wie die jeweilige Engelszahl in Ihrem Leben präsent ist und eine positive Führung anzieht.

Gerne können Sie Ihre Affirmationen auch mit einer Meditation verbinden. Begeben Sie sich dafür in eine ruhige Umgebung, schließen Sie Ihre Augen und lenken Sie Ihren Fokus auf Ihre Atmung. Währenddessen visualisieren Sie die Engelszahl, die Ihnen in Ihrem Leben begegnet ist, und verbinden diese mit Ihrer gewählten Affirmation. Anschließend wiederholen Sie die Affirmation mehrmals und visualisieren dabei, wie sich die Energie der Engelszahl in Ihrem Körper und um Ihr Wesen herum ausbreitet.

Audiodatei 2

Meditation
mit Engelszahlen und positiven Affirmationen

Bevor Sie diese Meditation beginnen, überlegen Sie sich bitte im Vorfeld, welche Engelszahl Ihnen in der letzten Zeit besonders häufig begegnet ist, welche Bedeutung diese Zahl in Ihrem Leben haben darf und wie Sie diese zu einem Affirmationssatz machen können, der für Sie stimmig ist und mit dem Sie jetzt gerne arbeiten möchten. Formulieren Sie diesen Satz so, dass es sich für Sie gut anfühlt und Ihr Herz zum Strahlen bringt.

Mögliche Formulierungen können sein:
„Ich lebe im Einklang mit dem Universum und vertraue auf meine innere Führung." (Engelszahl 111)

„Ich öffne mein Herz für eine liebevolle und glückliche Partnerschaft und strahle Frieden, Harmonie und Liebe aus." (Engelszahl 222)

„Ich vertraue meiner Intuition und bin von der Unterstützung und Führung der Engel umgeben." (Engelszahl 333)

„Ich fühle mich sicher und geborgen." (Engelszahl 444)

„Ich heiße Veränderungen willkommen und bin bereit, alte Muster loszulassen und mich für mein persönliches Wachstum zu öffnen." (Engelszahl 555)

Sollten Sie bei dem Affirmationssatz weiterhin ins Stocken geraten, beenden Sie an dieser Stelle die Meditation und versuchen Sie es zu einem späteren Zeitpunkt und/oder mit einer anderen Affirmation erneut.

Suchen Sie sich dann einen ruhigen Platz, an dem Sie für die nächsten 15 Minuten ungestört sind. Nehmen Sie eine bequeme Sitzposition ein, schließen Sie Ihre Augen und führen Sie wieder die Bauchatmung durch, indem sich Ihre Bauchdecke beim Einatmen hebt und beim Ausatmen wieder senkt. Legen Sie währenddessen Ihre Hände auf Ihren Bauch und werden Sie eins mit Ihrem Atem. Dies schenkt Ihnen Ruhe und Geborgenheit ...

Legen Sie nun Ihre Hände entspannt und locker auf Ihre Oberschenkel. Wenn Sie mögen, richten Sie Ihre Handflächen dabei nach oben, um den Energiefluss noch zu erhöhen. Atmen Sie lang und tief durch die Nase ein und lassen Sie den Atem durch Ihren leicht geöffneten Mund wieder herausströmen ... Spüren Sie, wie Sie beim Einatmen positive Lebensenergien in sich aufnehmen, und erlauben Sie sich, beim Ausatmen jegliche Anspannung und aufkommende Gedanken loszulassen. Sollten Ihre Gedanken abschweifen, so lenken Sie Ihre Aufmerksamkeit wieder sanft auf Ihren Atem zurück. Wiederholen Sie die Bauchatmung einige Male und kehren Sie dann wieder zu Ihrem natürlichen Atemrhythmus zurück ...

Erlauben Sie sich, zur Ruhe zu kommen und jegliche Belastung loszulassen. Seien Sie einfach im Hier und Jetzt, genießen Sie die beruhigende Stille, die Sie umgibt, und kommen Sie ganz bewusst bei sich selbst an. Entspannen Sie sich und lassen Sie sich einfach fallen. Sie sind in diesem Moment vollkommen behütet und geborgen.

Nehmen Sie Ihre Füße wahr, wie sie den Boden berühren und Sie vollständig erden. Lassen Sie durch Ihre Fußsohlen alles abfließen, was Sie bisher vielleicht noch belastet. Vielleicht nehmen Sie ein leichtes Kribbeln wahr. Möglicherweise sind Ihre Füße kalt oder warm? Alles ist genau richtig. Atmen Sie einfach wieder tief durch die Nase ein ... und durch den Mund wieder aus und spüren Sie, wie Ihr Körper mit jedem Atemzug immer lockerer und weicher wird und sich jede Anspannung löst ...

Legen Sie nun Ihre Aufmerksamkeit auf Ihre Waden, die Knie, die Oberschenkel und auf Ihr Gesäß und spüren Sie den Untergrund, auf dem Sie sitzen und der Sie liebevoll trägt.

Wandern Sie weiter mit Ihrer Aufmerksamkeit zu Ihrem Rücken und den Schultern, dem Bauch und Ihrem Herzraum, der sich nun mit jedem Atemzug immer mehr öffnet und mit strahlendem Licht erfüllt. Mit jedem Einatmen nehmen Sie all die bedingungslose Liebe in sich auf, die Sie umgibt, und mit jedem Ausatmen lassen Sie von all der Schwere, all der Last los, die vielleicht noch an Ihnen haftet. Atmen Sie tief ein ... und wieder aus ...

Lenken Sie nun Ihre Aufmerksamkeit auf Ihre Arme, Hände und Fingerspitzen. Was nehmen Sie wahr? Spüren Sie womöglich einen zarten Energiestrom, der durch Ihren ganzen Körper fließt und Sie sanft mit heilendem, warmem Licht erfüllt?

Wandern Sie gedanklich zurück zu Ihrem Herzen, dem Nacken und weiter zu Ihrem Kopf und spüren Sie nach, wie er sich gerade anfühlt. Tauchen Gedanken auf, so erlauben Sie sich, diese zu einem späteren Zeitpunkt weiter zu denken, denn dieser Augenblick gehört allein nur Ihnen ... Und Ihre Gedanken ziehen wie kleine weiße Wölkchen am strahlend blauen Himmel dahin ... Atmen Sie wieder tief ein ... und aus ...

Lassen Sie nun vor Ihrem inneren Auge folgenden Satz entstehen und lesen Sie ihn sich dreimal laut oder leise vor:

„Ich lebe im Einklang mit dem Universum und vertraue auf meine innere Führung."

Spüren Sie nach, was diese Worte mit Ihnen machen ... Reagiert Ihr Körper an der einen oder anderen Stelle? Wird Ihnen warm oder kalt? Nehmen Sie einen Energiefluss wahr, der möglicherweise Ihren Körper durchdringt und sich in Ihrem ganzen Wesen ausbreitet? Welche Emotionen, welche Gefühle löst dieser Satz in Ihnen aus? Atmen Sie tief ein ...

und wieder aus ... und lassen Sie alles zu, was nun in Ihr Bewusstsein, in Ihr Feld kommen möchte ...

Wenn Sie einen Widerstand spüren, bitten Sie Ihren Schutzengel um Unterstützung und nehmen Sie wahr, wo in Ihrem Körper dieser Widerstand sitzt ... Atmen Sie wieder tief ein ... und aus ... – dieses Mal jedoch genau an der Stelle, wo Sie spüren, dass die Energie dieses Satzes noch nicht so recht weiterfließen möchte. Nehmen Sie sich alle Zeit, die Sie dafür benötigen. Das Gefühl wird sich in der Regel relativ schnell lösen und die Affirmation kann sich ihren Weg weiter durch Ihr ganzes Sein bahnen ...

Sobald Sie das Gefühl haben, von dem Sinn der Affirmation vollkommen erfüllt zu sein, genießen Sie diesen Moment und baden darin. Wenn Sie mögen, können Sie an dieser Stelle auch eine Lichtdusche visualisieren, aus der dieser Satz in warmem, fließendem Licht immer wieder auf Sie herunterströmt ...

Bedanken Sie sich bei Ihrem Schutzengel für seine Unterstützung und bei sich selbst für all das Gute in Ihrem Leben, das durch Sie entstehen durfte, und spüren Sie die bedingungslose Liebe und das große Geschenk dieser neuen Erfahrungen, die Ihnen nun zuteilwerden ...

Um diese Meditation zu *beenden, richten Sie Ihre Aufmerksamkeit jetzt wieder auf Ihren Körper. Spüren Sie die Unterlage, auf der Sie sitzen, und nehmen Sie Ihre Gliedmaßen wahr. Spüren Sie Ihrem Herzschlag nach und schenken Sie sich in Dankbarkeit Ihr schönstes Lächeln ...

Bewegen Sie jetzt langsam Ihre Füße und Finger, nehmen Sie noch ein paar tiefe Atemzüge, öffnen Sie die Augen und kommen Sie dann in Ihrem Tempo frisch erholt in Ihren herrlichen Tag!

Selbstverständlich können Sie sich die gewählte Affirmation auch außerhalb einer Meditation täglich mehrmals aufsagen. Dies sollte überzeugt erfolgen, um Ihre innere Einstellung entsprechend zu programmieren und zu stärken. Zu empfehlen ist eine Wiederholung von mindestens 21 Tagen, um das Gesagte vollständig in Ihr System zu integrieren.

Zusätzlich können Sie die gewählte Affirmation auf einige Zettel schreiben und diese bei sich Zuhause, z. B. am Spiegel, am Kühlschrank oder an Lichtschaltern und Türen, anbringen. Öffnen Sie Ihr Herz und Ihren Geist für all die positiven Veränderungen, die nun in Ihr Leben treten.

RÄUCHERRITUAL

Das Räuchern ist eine uralte Tradition und spirituelle Praxis, die bereits seit mehreren Jahrtausenden ein fester Bestandteil in vielen Kulturen auf der ganzen Welt ist. Beim Räuchern werden Kräuter, Harze oder andere aromatische Substanzen verbrannt, um eine energetische, positive und heilige Umgebung zu schaffen, eine energetische Reinigung durchzuführen und eine spirituelle Verbindung herzustellen. Kombinieren wir das Räucherritual mit Engelszahlen, können wir die zahlreichen Vorteile der Räucherpraxis nutzen, um eine tiefe Verbindung zu den Energien und Botschaften der Engelszahlen herzustellen und Schutz, Führung und Unterstützung aus der geistigen Welt zu empfangen.

Möchten Sie ein Räucherritual mit Engelszahlen durchführen, müssen Sie sich im Vorfeld zunächst für eine Räuchermethode Ihrer Wahl entscheiden. Grundsätzlich gibt es unterschiedliche Methoden, mit denen Sie räuchern können:

Das **Räuchern mit Räucherkohle** ist die ursprüngliche Räuchermethode des rituellen Räucherns und deshalb für Rituale am besten geeignet. Beim Räuchern mit Räucherkohle wird diese hochkant in ein Räuchergefäß mit Sand gestellt und anschließend mit einem Feuerzeug oder einem Streichholz angezündet. Der Sand in dem Räuchergefäß hält die Hitze der Kohle in der Schale und belüftet zur selben Zeit die Kohle. Sobald die Räucherkohle eine Ascheschicht gebildet hat (nach etwa 10 bis 15 Minuten), hat die Kohle die richtige Temperatur erreicht, wodurch sich Duft und Wirkung der Räucherstoffe optimal entfalten können. Nun

wird ein reinigender Räucherstoff auf die Räucherkohle gelegt und die Räucherung begonnen.

Im Gegensatz zum Räuchern mit Räucherkohle ist das **Räuchern mit Räucherstäbchen** die einfachste und wahrscheinlich bequemste Methode. Hierbei wird das Räucherstäbchen am besten in einen für Räucherstäbchen vorgesehenen Halter gesteckt und an der Spitze angezündet, bis die Stäbchen glühen und zu rauchen beginnen.

Das **Ausräuchern** mit **Räuchersalbei** bzw. mit einem **Räucherbündel** ist eine stark energetisch reinigende Methode, bei der viel Rauch erzeugt wird und die in der Regel bei schamanischen Räucherzeremonien Anwendung findet. Bei dieser Methode wird ein Räucherbündel angezündet und im Anschluss wieder ausgepustet. Während des Räucherns raucht der glühende Salbei stark und verströmt dadurch seinen intensiven Duft. Da beim Räuchern mit Räuchersalbei bzw. mit einem Räucherbündel jedoch eine erhöhte Brandgefahr besteht, erfordert diese Methode eine gewisse Vorsicht und sollte am besten mit einer Räucherschale oder einem Teller mit Sand durchgeführt werden, um Glut und Aschereste auffangen zu können.

Das **Räuchern auf einem Stövchen** ist eine saubere und moderne Methode, bei der ohne Räucherkohle geräuchert wird. Durch das Räucherstövchen ist die heilende Wirkung des Räucherns nachhaltiger, da die losen Kräuterteile langsamer verbrennen. Außerdem spendet das Räuchern auf Stövchen Entspannung und bringt einen wundervollen Duft in die eigenen vier Wände. Für das Räuchern auf einem Stövchen wird zunächst ein Teelicht entzündet und das Räucherwerk dann an den Rand eines größeren feinmaschigen, aus Edelstahl oder Messing bestehenden, Siebes gegeben, wodurch die Rauchentwicklung kontrollierbar und schonender ist.

Auf einen Blick: Materialübersicht

- **Räuchern mit Räucherkohle:** Räucherkohle, Räucherschale, Räuchergefäß (z. B. Räucherpfanne), Räuchersand, Räuchermischung, Räucherzange, Feuerzeug, Räucherlöffel
- **Räuchern mit Räucherstäbchen:** Räucherstäbchen, Halter, Räucherschale zum Auffangen herunterfallender Asche, Feuerzeug
- **Räuchern mit Räuchersalbei:** Räucherbündel mit Salbei, Feuerzeug, Räucherschale mit Sand
- **Räuchern mit Stövchen:** Stövchen, Räucherwerk, Sieb, Teelicht, Streichhölzer

Anmerkungen:

- **Räucherkohle:** entweder speziell fürs Räuchern entwickelte Kohle oder ein Stück Glut
- **Räucherwerk:** Kräuter, Harze, Blüten, Hölzer
- **Räucherschale:** muss feuerfest sein, besteht idealerweise aus Messing oder Steingut, keine Verwendung eines Aschenbechers (Räuchern ist etwas Rituelles)
- **Räuchersand:** entweder speziell fürs Räuchern entwickelter Sand, der die Kohle belüftet und isoliert, oder einfacher, sterilisierter Sand, auch Vogelsand ist möglich
- **Stövchen:** aus Holz für Naturliebhaber; aus Messing für Langlebigkeit; aus Keramik für die Optik; aus Speckstein für die Individualität

Wenn Sie sich für die Räuchermethode Ihrer Wahl entschieden haben, können Sie die folgenden Schritte befolgen, um ein Räucherritual mit Engelszahlen durchzuführen:

1. Vorbereitung:

- Suchen Sie eine ruhige Umgebung auf, in der Sie das Räucherritual ungestört durchführen können.
- Stellen Sie außerdem sicher, dass Sie alle notwendigen Räuchermaterialien bereit haben.

2. Intention setzen:

- Klären Sie Ihre Absicht für das Räucherritual und überlegen Sie sich, welche Engelszahl bzw. welche spezifische Energie Sie mit dem Räuchern ansprechen möchten.
- Seien Sie in Ihrer Absicht deutlich und klar und öffnen Sie sowohl Ihren Geist als auch Ihr Herz für die Energien und Botschaften der Engelszahlen.

3. Auswahl des Räucherwerks und der Räuchermethode:

- Bevor Sie mit dem Räuchern beginnen, müssen Sie sich zunächst für eine Räuchermethode und das passende Räucherwerk entscheiden. Dafür suchen Sie am besten nach Kräutern oder Harzen, die mit der Engelszahl, die Sie für das Räuchern ausgewählt haben, in Verbindung gebracht werden können. Anbei finden Sie einige Vorschläge für Kräuter und Harze, die zu den Engelszahlen 0 bis 9 passen. Natürlich haben Sie aber die Freiheit, die Kräuter und Harze ganz nach Ihrer Intuition und Ihren Vorlieben auszuwählen:

0	**Kräuter:** Weißer Salbei, Lavendel, Kamille **Harze:** Copal, Drachenblut, Olibanum
1	**Kräuter:** Basilikum, Rosmarin, Zimt **Harze:** Olibanum, Sandelholz, Myrrhe
2	**Kräuter:** Koriander, Jasmin, Veilchen **Harze:** Copal, Benzoe, Olibanum
3	**Kräuter:** Orange, Minze, Rose **Harze:** Copal, Olibanum, Dammar
4	**Kräuter:** Pfefferminze, Patchouli, Vetiver **Harze:** Sandelholz, Myrrhe, Zedernholz
5	**Kräuter:** Ingwer, Nelke, Zitronengras **Harze:** Copal, Olibanum, Bernstein
6	**Kräuter:** Salbei, Rose, Lavendel **Harze:** Myrrhe, Olibanum, Benzoe
7	**Kräuter:** Majoran, Ylang-Ylang, Wacholderbeere **Harze:** Copal, Sandelholz, Olibanum
8	**Kräuter:** Muskatnuss, Zimt, Muskatellersalbei **Harze:** Myrrhe, Olibanum, Zedernholz
9	**Kräuter:** Eukalyptus, Wermut, Patchouli **Harze:** Copal, Dammar, Olibanum

Vetiver: ätherisches Öl der Süßgraswurzel, riecht schwer nach Wald und Erde

Copal: Sammelbezeichnung für Baumharze, duftet hell, klar und zitronig

Olibanum: Weihrauch, riecht leicht zitronig, balsamisch-würzig und hat einen typischen Weihrauchduft

Benzoe: Harz verschiedener Storaxbäume, riecht intensiv balsamisch, haftend, leicht schokoladig und hat eine Note von Vanille

Dammar: Harz von Laubbäumen, duftet leicht, fein und hat eine Note von Zitronenduft

Drachenblut: Harz aus der Gruppe der Oleoresine, dunkler Rauch, der an verbranntes Blut erinnert

Patchouli: Pflanzengattung der Familie der Lippenblütengewächse, riecht erdig, modrig und erinnert an einen überreifen Apfel oder an einen Korken

Ylang-Ylang: Pflanzenart aus der Familie der Magnolienartigen, riecht blumig, süß und sinnlich

Achten Sie bei der Auswahl Ihrer Räucherstoffe in jedem Fall auf qualitativ hochwertige Räucherwerke, die frei von schädlichen Zusätzen sind.

4. Entzündung des Räucherwerks:

- Haben Sie sich für eine Räuchermethode und ein Räucherwerk entschieden, zünden Sie das Räucherwerk an, lassen dieses einen Moment lang brennen und pusten anschließend die Flamme aus, damit das Räucherwerk zu glimmen beginnt und sich der sanfte Rauch entfalten kann.

5. Räucherritual:

- Halten Sie das Räuchergefäß in Ihren Händen und nehmen Sie sich einen Augenblick, um sich zu zentrieren.
- Rufen Sie nun, entweder in Gedanken oder laut ausgesprochen, die Engelszahl Ihrer Wahl oder die mit dieser Zahl verbundenen Energie auf und sprechen Sie dabei Ihre Absicht aus.
- Wenn Sie möchten, können Sie das Räucherritual gerne noch mit einer passenden Affirmation oder einem Gebet verknüpfen, um eine noch tiefere Verbindung mit der Energie der Engelszahl einzugehen.
- Halten Sie das Räucherwerk während des Rituals in Bewegung, damit sich der Rauch in allen Ecken des Raumes und um Sie herum entfalten kann. Beginnen Sie dabei an der Tür und bewegen Sie sich im Uhrzeigersinn durch den Raum.
- Spüren Sie währenddessen die liebevolle Präsenz, die Führung und die Unterstützung Ihrer Engel.

6. Abschluss:

- Beenden Sie das Räucherritual, indem Sie sich einen Moment lang Zeit nehmen, um Dankbarkeit auszudrücken.
- Bedanken Sie sich bei den Engeln und spirituellen Führern für ihre liebevolle Energie, ihre Führung und Unterstützung.
- Erlauben Sie sich abschließend, die positiven Energien des Rituals zu absorbieren und das Räucherritual sanft zu beenden.

Das Workbook: Übungen mit Engelszahlen

EINFÜHRUNG IN DAS WORKBOOK

Das Workbook ist das tragende Element dieses Buches, in dem die Inhalte der vorangegangenen Kapitel erneut aufgegriffen und mit weiteren Informationen, Beispielen und Übungen unterfüttert werden. Dafür finden sich zunächst verschiedene Tagesübungen zur Arbeit mit den Engelszahlen wieder, in denen erneut unterschiedliche und zugleich wundervolle Methoden zur Vertiefung der Verbindung mit den Engelszahlen aufgegriffen und erläutert werden. Im Zuge dessen finden sich auch immer wieder freie Absätze für Ihre eigenen Notizen, Reflexionen und Dokumentationen wieder, in denen Sie Ihre Gedanken und Gefühle zum Ausdruck bringen können.

Im Anschluss folgt dann eine umfangreiche Liste zu den Bedeutungen der Engelszahlen von 0 bis 999, die Ihnen hilft, Ihre eigenen Begegnungen mit den Engelszahlen besser zu verstehen. Begegnet Ihnen eine bestimmte Engelszahl immer wieder in Ihrem Alltag, können Sie Ihre Bedeutung an dieser Stelle nachschlagen und diese durch Affirmationen, Visualisierungen, Journaling oder andere spirituelle Praktiken, die sich in diesem Kapitel wiederfinden, verstärken.

So lädt Sie die daran anknüpfende geführte Meditation zum Beispiel zu einer Reise zur Verbindung mit den Engelszahlen ein und zeigt Ihnen, wie Sie diese vor Ihrem geistigen Auge visualisieren können.

Zum Abschluss des Workbooks werden dann die am häufigsten gestellten Fragen zu den Engelszahlen aufgegriffen und in einem eigenen Unterkapitel kompakt beantwortet.

TAGESÜBUNGEN ZUR ARBEIT MIT ENGELSZAHELN

Tagesübungen zur Arbeit mit Engelszahlen sind eine wundervolle Möglichkeit, mit der Sie die liebevolle Führung und den Schutz der Engel in Ihr Leben integrieren und Ihre spirituelle Verbindung zur geistigen Welt vertiefen können. In diesem Kapitel finden Sie einige kurze und praktische Tagesübungen, die Sie täglich nutzen können, um die positive Energie der Engelszahlen in Ihrem Alltag zu nutzen.

Engelszahl-Atemübung

Suchen Sie während des Tages eine ruhige Umgebung auf und atmen Sie für einige Male ganz tief ein und wieder aus. Während der Einatmung denken Sie nun an eine bestimmte Engelszahl, die Ihnen in letzter Zeit entweder häufig begegnet ist oder deren Bedeutung wichtig für Sie ist. Visualisieren Sie nun, wie Sie die Energie der Engelszahl mit jedem Atemzug, den Sie nehmen, in sich aufsaugen. Halten Sie Ihren Atem für einen Moment lang an und nehmen Sie dabei die Energie der Zahl, die sich sukzessiv in Ihrem Körper und Ihrem Geist ausbreitet, wahr. Atmen Sie anschließend aus und lassen Sie im Zuge dessen all Ihre Sorgen, mögliche Ängste und Anspannungen los. Wiederholen Sie diese kurze Atemübung für einige Male und spüren Sie dabei, wie sich die liebevolle Präsenz der Engelszahl in Ihrem Körper und Ihrem Geist verstärkt und sich jede Faser Ihrer Selbst mit Positivität, Stärke und liebevoller Energie füllt.

Wenn Sie möchten, können Sie hier im Anschluss gerne Ihre Gefühle, Gedanken und Wahrnehmungen, die während der Übung in Ihnen aufgekommen sind, festhalten:

Engelszahl-Dankbarkeitsliste

Nehmen Sie sich regelmäßig Zeit, um sich in einer ruhigen Umgebung hinzusetzen, über die Engelszahlen, die in Ihrem Leben auftauchen, nachzudenken und für diese Dankbarkeit zu praktizieren. Legen Sie sich dafür entweder eine Dankbarkeitsliste, zum Beispiel an dieser Stelle, an, schreiben Sie in Ihr Engelszahlenjournal oder führen Sie ein separates Dankbarkeitstagebuch.

Gehen Sie am besten jeden Morgen oder jeden Abend für einige Minuten in sich und denken Sie über fünf Dinge nach, für die Sie dankbar sind und die Sie den Engelszahlen zuordnen können, und schreiben Sie diese nieder. So könnten Sie Ihre Dankbarkeit für die liebevollen Beziehungen in Ihrem Leben zum Beispiel mit der Engelszahl 222 verbinden und diese Zahl in Ihre Liste aufnehmen.

Wiederholen Sie diese kleine Dankbarkeitspraxis zu den Engelszahlen in Ihrem Leben täglich, um Ihre Aufmerksamkeit auf die positiven Aspekte in Ihrem Leben zu lenken, das Vertrauen in das Universum und die Verbindung zu den Engelszahlen zu stärken, Ihr Herz und Ihre Wahrnehmung zu öffnen und durch das Fokussieren und Praktizieren von Dankbarkeit automatisch mehr positive Energien in Ihr Leben zu ziehen.

Hier ist Platz für die Dinge, für die Sie dankbar sind:

Engelszahl-Visualisierung

Suchen Sie einen ruhigen Ort auf, an dem Sie für einige Augenblicke verweilen möchten, und schließen Sie Ihre Augen. Stellen Sie sich nun vor Ihrem inneren Auge eine Engelszahl vor, die Ihnen in letzter Zeit entweder häufiger begegnet ist oder die Sie besonders anspricht. Visualisieren Sie diese Engelszahl in strahlenden und leuchtenden Farben und sehen Sie, wie diese Zahl um Ihr gesamtes Wesen tanzt. Stellen Sie sich nun vor, wie die Energie dieser Engelszahl in Sie eindringt und Sie mit Führung, Schutz, Unterstützung und Liebe durchdringt und umgibt. Spüren Sie, wie Sie die Magie der Engelszahl mit jeder Pore Ihrer Selbst in sich aufsaugen. Verweilen Sie einen weiteren Moment in dieser Visualisierung und spüren Sie die liebevolle Präsenz der Engelszahl, ihre Energie und ihre Bedeutung in Ihrem Leben.

Wenn Sie möchten, können Sie im Anschluss gerne Ihre Gefühle, Gedanken und Wahrnehmungen, die während der Übung in Ihnen aufgekommen sind, festhalten.

Hier ist Platz für Ihre Gefühle, Gedanken und Wahrnehmungen:

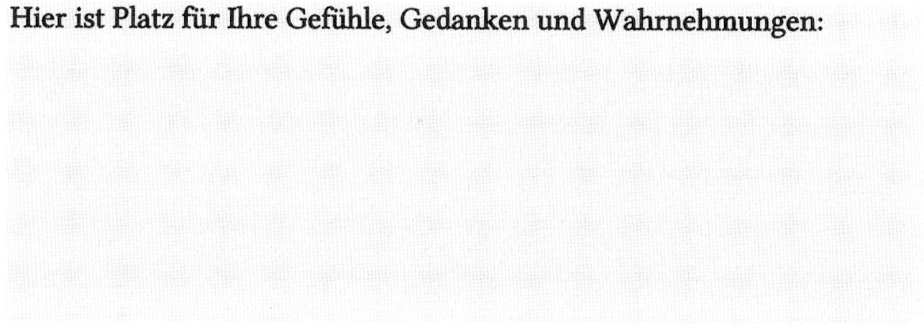

Engelszahl-Affirmation des Tages

Suchen Sie sich jeden Morgen nach dem Aufstehen eine Engelszahl als Affirmation des Tages aus. Dafür können Sie entweder eine beliebige Engelszahl auswählen, deren Energie und Bedeutung Sie anspricht, oder Sie wählen eine Engelszahl, die Ihnen entweder in den letzten Tagen öfter begegnet ist, die in Ihrem Traum der letzten Nacht erschienen oder die Ihnen nach dem Aufwachen aufgefallen ist, aus.

Haben Sie sich für eine Engelszahl entschieden, wiederholen Sie diese nun ganz bewusst, entweder laut oder in Gedanken, und verbinden sie mit einer zur Bedeutung passenden positiven Affirmation (siehe hierzu Kapitel „Interpretationen und Übungen"), um die positiven Energien der Engelszahl in Ihr Leben einzuladen und Ihre Verbindung zu stärken. Wenn Sie möchten, können Sie dabei gerne noch visualisieren, dass die Engelszahl in Ihrem Leben präsent ist, und damit die positive Führung der Engel verstärken.

Hier ist Platz für Ihre Affirmation des Tages:

Engelszahl-Reflexion

Nehmen Sie sich jeden Abend einige Minuten Zeit, um ganz in Ruhe über den vergangenen Tag nachzudenken und die Ereignisse des Tages zu reflektieren. Gehen Sie dabei in sich und fragen Sie sich selbst, ob Ihnen am heutigen Tag Engelszahlen begegnet sind oder ob bestimmte Zahlen und Zahlenkombinationen in den vergangenen Stunden eine wichtige Rolle in Ihrem Leben gespielt haben. Überlegen Sie anschließend, welche Zeichen, Hinweise oder Botschaften diese Zahlen Ihnen gesendet haben könnten und inwiefern diese Sie auf Ihrem Weg führen und begleiten möchten. Schreiben Sie Ihre Gedanken, Gefühle, Wahrnehmungen und Beobachtungen an dieser Stelle oder in Ihrem Engelszahlentagebuch nieder und überlegen Sie, ob Sie wiederkehrende Zahlen oder Muster erkennen können.

Wiederholen Sie diese Reflexion über das Auftauchen von Engelszahlen in Ihrem Leben täglich, um Ihr Bewusstsein für die Präsenz der Engelszahlen in Ihrem Alltag zu erweitern und Ihre Botschaften und Bedeutungen besser verstehen und auf Ihr Leben anwenden zu können.

Hier ist Platz für Ihre Reflexionen:

INTERPRETATIONEN UND ÜBUNGEN

Über den nachfolgenden QR-Code finden Sie eine umfassende Liste der Engelszahlen von 0 bis 999 inklusive ihrer möglichen Bedeutungen und Interpretationen. Wenn Ihnen eine Engelszahl immer wieder in Ihrem Leben begegnet und Sie an dieser Stelle ihre Bedeutung nachschlagen, behalten Sie dabei immer im Hinterkopf, Ihre individuelle Interpretation der Botschaften einfließen zu lassen und diese in einem persönlichen Kontext zu entschlüsseln. Um Ihre Verbindung zu den Engelszahlen zu vertiefen, können Sie diese gerne in Ihre Meditationen, inneren Reflexionen oder Visualisierungen einbeziehen, sie mit positiven Affirmationen verbinden und Ihre Deutung in einem Engelszahlenjournal niederschreiben (siehe hierzu Kapitel „Meditationen und Rituale mit Engelszahlen“).

QR-Code zum Engelszahlenkatalog

INTEGRATION IM ALLTAG

Es gibt viele wundervolle Möglichkeiten, mit denen Sie Engelszahlen in Ihren Alltag integrieren können. Zunächst ist es wichtig, dass Sie auf die wiederkehrenden Zahlenfolgen und Muster bewusst und aufmerksam achten und die Zeichen des Universums als Botschaften der Engel anerkennen. Begegnen Ihnen dann immer wieder bestimmte Engelszahlen, sollten Sie die Bedeutungen nachschlagen und Ihre Erfahrungen in einem Engelsjournal festhalten, um über Ihre Gedanken oder die Situationen, die Sie damit verbinden, zu reflektieren. Beziehen Sie im Zuge dessen immer auch Ihre aktuellen Lebensumstände ein und fragen Sie sich selbst, welche Bedeutung Ihre Engelszahlen für Ihre gegenwärtige Situation haben könnten. Nehmen Sie die Zeichen des Universums als Impuls dafür, eine neue Perspektive einzunehmen und die Botschaften der Engelszahlen in Ihr Leben zu integrieren. Lassen Sie sich dabei von den Hinweisen der Engel inspirieren, vertrauen Sie auf Ihre Intuition und treffen Sie Entscheidungen immer im Einklang mit der Botschaft der Engelszahlen.

Darüber hinaus gibt es einige wundervolle Werkzeuge und Praktiken, mit denen Sie Ihre Verbindung zu den Engelszahlen vertiefen und mehr Achtsamkeit und spirituelle Verbindung erleben können. Hierzu zählen zum Beispiel Affirmationen, Journaling, Räucherrituale oder Engelszahlen-Meditationen, die Sie hervorragend in Ihren Alltag integrieren können, um die positiven Energien der Engelszahlen zu nutzen und Ihre persönliche Entwicklung zu unterstützen.

Audiodatei 3

Meditation

Verbindung zu den Engelszahlen

Bevor Sie mit der Meditation beginnen, begeben Sie sich an einen ruhigen Ort, an dem eine angenehme Atmosphäre herrscht und an dem es keinerlei Ablenkungen gibt. Eliminieren Sie alle potentiellen Störquellen und machen Sie es sich bequem.

„Herzlich willkommen! Es ist schön, dass Sie da sind und sich Zeit für sich selbst nehmen. Heute habe ich eine wundervolle Meditation für Sie vorbereitet, mit der Sie eine Verbindung zu den Engelszahlen schaffen und diese vor Ihrem geistigen Auge sehen können. Zunächst lade ich Sie dazu ein, Ihre Augen zu schließen und ganz bei sich selbst anzukommen. Atmen Sie dafür ganz tief durch Ihre Nase ein und lassen Sie die eingeatmete Luft im Anschluss durch Ihren leicht geöffneten Mund wieder langsam ausströmen. Atmen Sie noch einmal ganz tief durch Ihre Nase ein und sanft durch Ihren Mund wieder aus. Nun nehmen Sie noch einen weiteren tiefen und bewussten Atemzug und atmen anschließend in Ihrem natürlichen Rhythmus weiter. Spüren Sie, wie Sie mit jedem Atemzug Ruhe und Harmonie in Ihren Geist einladen. Visualisieren Sie nun ein strahlendes, helles Licht, das sich sanft um Sie herum ausdehnt. Es ist das Licht der Engel, das Sie führen und beschützen soll. Spüren Sie, wie sich dieses Licht wie eine warme Umarmung um Ihren Körper legt und Sie mit positiver Energie erfüllt. Nun stellen Sie sich vor, wie dieses Licht immer intensiver und strahlender und letztendlich zu einem Portal wird, das Sie mit der himmlischen Sphäre, in der die Engelszahlen wohnen, verbindet. Dieses Portal ist ein Ort der Liebe, in dem tiefe Weisheit und reinste Energie innewohnen. Während Sie durch das Portal treten, spüren Sie, dass die Verbindung zu den Engelszahlen mit jedem Schritt immer stärker wird. Sie fühlen die Präsenz der Engel, die Sie mit

bedingungsloser Liebe erfüllen und Ihnen Botschaften der Führung senden. Sie können die Engelszahlen in diesem heiligen Raum vor Ihrem geistigen Auge sehen. Sie tanzen wie funkelnde Sterne am Nachthimmel und strahlen in unterschiedlichen Formen und Kombinationen. Lassen Sie sich einen Augenblick Zeit und atmen Sie ruhig und entspannt weiter. Wenn Sie vor einer Herausforderung stehen oder eine Frage haben, können Sie diese nun stellen. Spüren Sie die Weisheit und die liebevolle Antwort der Engel in Ihrem Herzen. Vielleicht erreicht Sie die Antwort durch Worte, ein Gefühl oder das Aufleuchten einer besonderen Engelszahl vor Ihrem geistigen Auge. Nehmen Sie sich einen Augenblick, um die Energien der Engelszahlen zu spüren und die Verbindung zu ihnen zu stärken. Vertrauen Sie darauf, dass die Engel als liebevolle und weise Führer immer an Ihrer Seite sein werden und Sie auf Ihrem Lebensweg unterstützen. Lassen Sie sich von dieser magischen Erfahrung erfüllen, bevor Sie mit der Meditation abschließen. Wenn Sie bereit sind, bedanken Sie sich bei den Engelszahlen für ihre Führung und Weisheit und verabschieden sich von dem heiligen Raum. Visualisieren Sie, wie sich das Portal langsam schließt. Sie kehren zurück in Ihre Gegenwart, können die positive Energie und die Liebe aber weiterhin spüren. Nun öffnen Sie behutsam in Ihrem Tempo Ihre Augen und spüren noch einmal in die Energie der Engelszahlen hinein. Ich wünsche Ihnen einen wundervollen und positiven Tag!"

Diese geführte Meditation zur Verbindung mit den Engelszahlen lässt sich natürlich auf jede Engelszahl anwenden. Möchten Sie eine tiefere Verbindung zu einer bestimmten Engelszahl und ihrer Bedeutung eingehen, visualisieren Sie während der Meditation einfach die gewünschte Engelszahl und spüren ihre positive Energie. Im Folgenden finden Sie Beispiele für Engelszahlen für Ihre persönliche Entwicklung, die Sie ganz einfach für sich selbst nutzen können.

Nach der Meditation empfiehlt es sich, Ihre Erfahrungen, Gefühle und Gedanken dann in Ihrem Engelszahlentagebuch (Kapitel „Journaling mit Engelszahlen“) niederzuschreiben und Ihre Wahrnehmungen zu reflektieren. Außerdem können Sie Ihre Meditation gerne auch mit einem Räucherritual abschließen (Kapitel „Räucherritual“) und von positiven Affirmationen begleiten lassen (Kapitel „Positive Affirmationen“).

Engelszahlen für spirituelles Wachstum und Selbsterkenntnis

Engelszahlen sind subtile und mächtige Botschaften des Universums, die Sie auf Ihrem Weg zum spirituellen Wachstum und zur Selbsterkenntnis unterstützen. Sie sind Zeichen der Engel, die Sie liebevoll dazu ermutigen, Ihr gesamtes spirituelles Potential zu entfalten und sich Ihrer Lebensaufgabe bewusst zu werden.

Einige der häufigsten Engelszahlen für spirituelles Wachstum und Selbsterkenntnis sind die Zahlen 16, 67, 207, 411, 587 und 859. Sie sind ein Ruf des Universums, der Ihnen Ihre Verbindung zur geistigen Welt aufzeigt und Sie daran erinnert, dass Ihre Gedanken und Intentionen eine machtvolle Schöpferkraft besitzen und Sie der Architekt Ihres eigenen Lebens sind. Sie fordern Sie dazu auf, Ihre Gedanken aktiv und ganz bewusst zu lenken, um Ihre Realität nach Ihren eigenen Wünschen zu gestalten und Ihre spirituelle Reise somit voranzutreiben.

Wenn Sie Ihr spirituelles Wachstum unterstützen und mehr Selbsterkenntnis finden möchten, können Sie die Engelszahlen ganz einfach in Ihre Engelszahlenübungen integrieren und so zum Beispiel während einer Meditation visualisieren, eigene Affirmationen zu den Zahlen formulieren oder in Ihr Räucherritual einbinden.

Engelszahlen für Schutz und Unterstützung

Engelszahlen sind zarte, liebevolle und fürsorgliche Botschaften aus der geistigen Welt, die Ihnen Schutz und Unterstützung senden, wenn Sie diese am dringendsten benötigen. Wenn die Engel Sie auf Ihrem Weg umgeben und Sie begleiten, fühlen Sie sich beschützt, geführt und getröstet und wissen, dass Sie niemals alleine sind – ganz gleich, vor welche Herausforderungen Sie das Leben auch stellt.

Einige der bedeutendsten Engelszahlen, in denen es um Schutz und Unterstützung geht, sind die Zahlen 34, 144, 250, 598, 624 und 976. Sie erscheinen oftmals in Zeiten, in denen Sie mit Unsicherheiten und Zweifeln zu kämpfen haben und sich nach einer helfenden Hand sehnen. Begegnen Ihnen diese Zahlen in Ihrem Alltag, möchten die Engel Ihnen versichern, dass Sie sich auf dem richtigen Weg befinden, und Sie daran erinnern, dass sie immer an Ihrer Seite sind, um Sie liebevoll zu führen und zu unterstützen.

Möchten Sie die Engel nun um Schutz und Unterstützung bitten, können Sie auch diese Engelszahlen in Ihre Engelszahlenübungen integrieren und so zum Beispiel in Ihre Meditation oder Ihr Räucherritual einbinden oder eigene Affirmationen zu den Zahlen formulieren.

Engelszahlen für Manifestation und Stärke

Engelszahlen sind liebevolle Wegweiser, die Sie auf Ihrem Weg der Manifestation und Stärke begleiten und unterstützen. Sie sind eine magische Führung des Universums und erinnern Sie daran, dass Sie der Schöpfer Ihres eigenen Lebens sind und Ihre Träume und Wünsche Wirklichkeit werden lassen können. Auf Ihrer Reise senden Ihnen die Engel ihre liebevolle Unterstützung und inspirieren Sie dazu, Ihre Ziele zu manifestieren, Ihre innere Stärke zu entfalten und somit Ihr gesamtes Potential zu erreichen.

Einige der kraftvollsten Engelszahlen für die Manifestation sind die Zahlen 14, 22, 81, 211, 697 und 786. Sie begegnen Ihnen häufig in Ihrem Alltag, wenn Sie nahe der göttlichen Führung sind. Sie ermutigen Sie dazu, Ihre Ziele zuversichtlich zu verfolgen und Ihre Ressourcen zu nutzen, um Ihre Träume Wirklichkeit werden zu lassen.

Um eine tiefere Verbindung zu diesen Engelszahlen aufzubauen, können Sie auch diese ganz einfach in Ihre Engelszahlenübungen integrieren und sie während einer Meditation vor Ihrem inneren Auge visualisieren, passende Affirmationen zu den Zahlen formulieren oder diese in Ihrem Räucherritual nutzen.

FAQ: HÄUFIG GESTELLTE FRAGEN ZU ENGELSZAHLEN

1. Frage: Was sind Engelszahlen?

Engelszahlen sind eine geheimnisvolle und faszinierende Form der Kommunikation zwischen der physischen und der spirituellen Welt. Sie sind Botschaften des Universums, die Ihnen von Engeln oder höheren spirituellen Wesen gesendet werden. Sie tauchen als bestimmte Abfolge von Ziffern an scheinbar zufälligen Stellen in Ihrem Leben besonders häufig auf und zielen darauf ab, Ihnen eine spirituelle Botschaft zu übermitteln.

2. Frage: Wie erkenne ich Engelszahlen?

Engelszahlen tauchen in Ihrem Leben als wiederkehrende Zahlenfolgen oder Muster, zum Beispiel 111, 222 oder 3434, auf und können Ihnen in unterschiedlichen Kontexten begegnen, zum Beispiel auf einer Uhr, auf Rechnungen, in Telefonnummern, auf Autoschildern, in Träumen oder an Ihnen bekannten Orten.

3. Frage: Was bedeuten Engelszahlen?

Grundsätzlich hat jede Engelszahl ihre eigene symbolische Bedeutung, trägt eine eigene energetische Schwingung und kann bestimmte Zeichen, Hinweise oder Botschaften enthalten, die auf Präsenz, Schutz, Führung, Unterstützung, eine spirituelle Verbindung, Herausforderungen, Probleme, Ihre spirituelle Entwicklung oder auf individuelle Lebensbereiche hinweisen kann. Die Bedeutung jeder Engelszahl kann jedoch, je nach Zahl und persönlicher Interpretation, variieren.

4. Frage: Basieren Engelszahlen auf reinem Zufall?

Jede Engelszahl hat eine tiefere Bedeutung, die über den reinen Zufall hinausgeht. Engelszahlen sind Zeichen und Botschaften der Engel, die subtile Wege nutzen, um mit Ihnen zu kommunizieren und Ihnen Nachrichten zu übermitteln.

5. Frage: Wie kann ich die Bedeutung einer Engelszahl entschlüsseln?

Für die Interpretation und Entschlüsselung der Botschaften von Engelszahlen gibt es unterschiedliche Ansätze und Methoden. In erster Linie ist es wichtig, dass Sie auf Ihre innere Führung und Ihre Intuition vertrauen und aufmerksam wahrnehmen, welche Gefühle, Gedanken und Assoziationen Ihnen in den Sinn kommen, wenn Ihnen Engelszahlen begegnen.

Außerdem besitzt jede Zahl eine spezifische Schwingung und Bedeutung, die es zu erforschen und zu berücksichtigen gilt. Obwohl jede Engelszahl ihre eigene Bedeutung hat, können einige Zahlen trotzdem ähnliche Botschaften enthalten. Neben diesem Buch können Sie dafür gerne noch weitere Ressourcen konsultieren und die Bedeutungen als Leitfaden für Ihre individuelle Interpretation nutzen.

Nehmen Sie sich Zeit, um zu meditieren und zu reflektieren. Öffnen Sie sich für die Botschaften der Engel und achten Sie auf die Eindrücke, Emotionen, Gedanken und Bilder, die in Ihnen auftauchen, während Sie sich mit den Engelszahlen verbinden. Reflektieren Sie zudem immer auch Ihre persönlichen Erlebnisse und Erfahrungen und suchen Sie nach Mustern und Themen in Ihrem Leben, die mit den Engelszahlen in Verbindung stehen könnten. Vergessen Sie außerdem nicht, dass die Bedeutung einer Engelszahl von Mensch zu Mensch variieren kann und immer individuell ist. Seien Sie deshalb offen für neue Einsichten und Perspektiven und lassen Sie die Botschaften des Universums vollkommen auf sich wirken.

6. Frage: Gibt es eine einheitliche Liste zu den Bedeutungen der Engelszahlen?

Es gibt keine absolute, einheitliche Liste zu den Bedeutungen der Engelszahlen. Die Bedeutungen der Engelszahlen können je nach Quelle, spiritueller Tradition, individueller Interpretation und persönlicher Erfahrung variieren. In jedem Fall ist es wichtig, dass Sie sich von Ihrer inneren Stimme und Führung leiten lassen, auf Ihre Intuition vertrauen und die Bedeutung einer Engelszahl immer in Ihrem eigenen, persönlichen Kontext verstehen und entschlüsseln.

7. Frage: Wie kann ich die Botschaften der Engelszahlen in meinen Alltag integrieren?

Um die Botschaften der Engelszahlen in Ihren Alltag zu integrieren, sollten Sie zunächst aufmerksam und achtsam auf die wiederkehrenden Zahlenfolgen und Muster in Ihrem Leben achten. Nehmen Sie die Zeichen des Universums bewusst und aktiv wahr und erkennen Sie die Zahlen als potenzielle Botschaften der Engel an.

Informieren Sie sich über die Bedeutungen der einzelnen Engelszahlen in diesem Buch und lernen Sie die möglichen Hinweise der Zahlen kennen. Halten Sie Ihre Begegnungen, Beobachtungen, Wahrnehmungen und Erfahrungen mit den Engelszahlen außerdem in einem Engelszahlenjournal fest. Notieren Sie die Engelszahlen, die Ihnen in Ihrem Alltag begegnen, suchen Sie nach Mustern und reflektieren Sie über die Gedanken oder Situationen, die Sie damit verbinden.

Betrachten Sie Ihre aktuellen Lebensumstände sowie Ihre Lebenssituation und hinterfragen Sie, welche Bedeutungen die Engelszahlen für Ihre Situation, Ihre Herausforderungen und die Entscheidungen, vor denen Sie stehen, haben könnten. Nutzen Sie die Botschaften anschließend, um neue Perspektiven einzunehmen und verschiedene Handlungsimpulse zu bekommen.

Visualisieren Sie, wie Sie die Botschaften der Engelszahlen für sich selbst nutzen können und welche positiven Veränderungen Sie in Ihrem Leben bewirken könnten. Dann nehmen Sie die Botschaften als Inspirationen für die Entscheidungen und Handlungen in Ihrem Leben und setzen diese in kleinen Schritten um, die mit den Botschaften der Zahlen in Resonanz stehen. Öffnen Sie sich außerdem für neue Gelegenheiten, lassen Sie sich von Ihrer Intuition leiten, vertrauen Sie auf die Führung der Engel und praktizieren Sie Dankbarkeit.

8. Frage: Was passiert, wenn ich Engelszahlen ignoriere?

Wenn Sie die Engelszahlen, die Ihnen in Ihrem Leben begegnen, ignorieren, verpassen Sie die Möglichkeit, wichtige Botschaften, Zeichen und Hinweise des Universums zu empfangen. Damit verpassen Sie die Gelegenheit, auf eine tiefere Ebene der Intuition sowie der Führung des Bewusstseins zurückzugreifen und von der Leitung und Unterstützung der Himmelswesen zu profitieren, die Ihr Leben in eine positive Richtung lenken möchten. Nichtsdestotrotz muss an dieser Stelle angemerkt werden, dass das Ignorieren der Botschaften der Engelszahlen nicht zwangsläufig negative Konsequenzen für Sie mit sich bringt. Ihre Engel sind liebevolle und geduldige Wesen, die weiterhin versuchen werden, Ihre Aufmerksamkeit für sich zu gewinnen.

9. Frage: Kann ich meine Engelszahl-Botschaften beeinflussen?

Grundsätzlich können Sie Ihre Engelszahl-Botschaften durch Ihre Reaktionen und Handlungen beeinflussen. Indem Sie sich für die Präsenz der Engel und ihre Botschaften öffnen, bewusst auf die wiederkehrenden Zahlenfolgen und Muster achten und sich mit den jeweiligen Bedeutungen der Engelszahlen auseinandersetzen, zeigen Sie Bereitschaft und Offenheit dafür, die Führung, die Unterstützung und den Schutz der Engel anzunehmen. Wenn Sie aktiv auf die Botschaften und Zeichen der Engel und der geistigen Welt reagieren und ihre Hinweise in Ihrem Leben umsetzen, können Sie nicht nur Ihre Verbindung zu den Engeln vertiefen, sondern auch die Qualität ihrer Führung verstärken.

10. Frage: Wie kann ich eine stärkere Verbindung zu meinen Engeln aufbauen?

Wenn Sie eine stärkere Verbindung zu Ihren Engeln aufbauen möchten, sollten Sie sich regelmäßig Zeit für Stille, Meditation und innere Reflexion nehmen, um sich sowohl auf Ihre innere Stimme als auch auf die Präsenz Ihrer Engel einstimmen zu können. Sprechen Sie Ihre Engel entweder laut oder in Ihren Gedanken direkt an und bitten Sie um Schutz, Unterstützung und Führung. Vertrauen Sie außerdem darauf, dass Ihre Engel bei Ihnen sind und Sie auf Ihrer Reise begleiten und führen. Lassen Sie all Ihre Ängste und Sorgen los und zeigen Sie Dankbarkeit für die positive Energie, die Sie durch Ihre Engel empfangen. Halten Sie Ihre Gedanken, Gefühle, Wahrnehmungen und Begegnungen mit Engelszahlen in einem Tagebuch fest und begeben Sie sich auf die Suche nach wiederkehrenden Mustern. Öffnen Sie Ihr Herz und Ihren Geist und bauen Sie eine tiefere Verbindung zu Ihren Engeln und spirituellen Führern auf. Hören Sie auf Ihre innere Stimme und Ihre Intuition und haben Sie Vertrauen darin, dass Ihre Engel Ihnen die richtigen Botschaften und Zeichen senden werden, wenn Sie bereit dafür sind, diese wahrzunehmen und anzunehmen.

Eine Reise der Inspiration & tiefen Verbundenheit

Engelszahlen sind eine einzigartige Form der Kommunikation zwischen der physischen und der spirituellen Welt. Sie sind Botschaften des Universums, die uns die Engel in Form von bestimmten Ziffernabfolgen und Ziffernkombinationen an scheinbar zufälligen Stellen in unserem Leben übersenden. Sie zielen darauf ab, uns eine spirituelle Botschaft zu übermitteln und uns auf unserem Lebensweg zu führen. Engelszahlen sind eine wundervolle Möglichkeit, die Verbindung zur spirituellen Welt zu vertiefen und uns gleichzeitig bewusst zu werden, dass wir von der göttlichen Unterstützung und Führung der Engel umgeben sind. Sie ermutigen uns dazu, unsere Ziele und Träume zu verfolgen und unsere wahre Bestimmung zu leben. Sie erinnern uns daran, dass wir geliebt, beschützt und geführt werden und dass wir uns auf die liebevolle Präsenz der Engel auf unserem Lebensweg verlassen können.

Die Wahrnehmung und Entschlüsselung von Engelszahlen erfordert allerdings ein gewisses Maß an Achtsamkeit, Offenheit und Bewusstsein.

Sie verlangt von uns, dass wir uns Zeit nehmen, um zur Ruhe zu kommen, auf unser Herz zu hören, Vertrauen in unsere innere Führung zu haben, eine Verbindung zu unserer Intuition herzustellen und die

Botschaften und Hinweise der Engel letztendlich in unseren Alltag zu integrieren.

Durch die bewusste Wahrnehmung und Interpretation der Bedeutungen der Engelszahlen gelingt es uns letzten Endes, neue Perspektiven im Leben zu gewinnen, uns selbst besser kennen und verstehen zu lernen und sowohl unsere persönliche als auch spirituelle Entwicklung zu fördern. Indem wir Engelszahlen in unser Leben einladen, öffnen wir uns gleichzeitig für eine tiefere Verbindung zur geistigen Welt und ziehen damit automatisch positive Veränderungen in unser Leben.

Die Welt der Engelszahlen ist voller Liebe, Schutz, Führung und Magie. Alles, was wir tun müssen, ist, unseren Geist zu öffnen, offen und achtsam für die Zeichen des Universums zu sein und darauf zu vertrauen, dass uns unsere Engel leiten werden und uns dabei unterstützen, unsere individuelle Reise zu einem erfüllten und bewussten Leben zu gestalten.